我
思

敢于运用你的理智

人类理智研究

〔英〕休谟 著
周晓亮 译

崇文書局
長江出版傳媒

图书在版编目（CIP）数据

人类理智研究 /（英）休谟著 ; 周晓亮译. -- 武汉 : 崇文书局, 2024.6
（崇文学术译丛·西方哲学）
ISBN 978-7-5403-7641-3

Ⅰ. ①人… Ⅱ. ①休… ②周… Ⅲ. ①休谟(Hume, David 1711-1776)—认识论—研究 Ⅳ. ①B561.291 ②B017

中国国家版本馆CIP数据核字（2024）第080140号

人类理智研究

RENLEI LIZHI YANJIU

出 版 人 韩 敏
出　　品 崇文书局人文学术编辑部·我思
策 划 人 梅文辉(mwh902@163.com)
责任编辑 黄显深(bithxs@qq.com)
装帧设计 书与设计工作室
责任印制 李佳超
出版发行 长江出版传媒 | 崇文书局
地　　址 武汉市雄楚大街268号C座11层
电　　话 (027)87679712 邮政编码 430070
印　　刷 武汉中科兴业印务有限公司
开　　本 880mm×1230mm 1/32
印　　张 5.5
字　　数 120千
版　　次 2024年6月第1版
印　　次 2024年6月第1次印刷
定　　价 38.00元

(读者服务电话：027-87679738)

目　录

第一章　论不同种类的哲学

对于道德哲学（moral philosophy）[1]或人性科学，可以用两种不同的方式来研究。每一种都有其特殊的优点，都可以给人类以消遣、指导和改进。一种方式把人主要看成是生来就行动的，而且他的行动准则受趣味和情感的影响；他根据对象似乎具有的价值，根据它们所呈现的样子，来追求一个对象，回避另一个对象。由于在一切对象中，德性被认为是最有价值的，所以这类哲学家就把德性描写得最温和可亲；他们从诗歌和雄辩中借用各种帮助，以轻松明白的方式论述他们的题目，而这种方式最适合于取悦想象和引起情感。他们从日常生活中选取最突出的观察事例，对相反的特性作恰当的比较；他们凭借对光荣和幸福的展望，引诱我们走上德性之路，用最健全的戒律

---

① 英文 moral 一词的主要意思是“道德的”或“符合道德的”等，但在 17、18 世纪，这个词不只用在道德的意义上，而是泛指由人的原因引起的一切事情，如人的思想、行为、性格等，可译为“精神的”。——译者注（如未注明，后文脚注均为译者注）

和最显著的事例指导我们在这些道路上前进的步伐。他们使我们感受（feel）到善和恶之间的区别，激发和规范了我们的情感，从而，他们就可以使我们完全倾心于对正直和真正荣誉的爱。他们认为，这样一来，他们的全部辛劳的目的就完全达到了。

另一类哲学家考察人，宁可着眼于人是有理性的存在物，而不着眼于人是行动的存在物；他们致力于形成人的理智，而不是培养他的举止。他们把人性当作思辨的题目；他们为了发现一些原理而精密细致地考察人性，这些原理规范着我们的理智，激发着我们的情感，并使我们赞成或谴责任何特定的对象、行动或行为。他们认为，对于一切学问都成为耻辱的事情是：哲学至今还没有毫无争议地将道德、推理和批评的基础确定下来；它总在谈论真和假、善和恶、美和丑，却不能确定这些区分的来源。他们在试图完成这项艰巨的任务时，任何困难都不能阻挡他们；他们从特殊的事例出发达到普遍的原则，又继续进行研究达到更普遍的原则，而且一直达到那些原始的原则，他们才满足。在一切科学中，人类的全部好奇心都是以那些原始的原则为界限的。虽然他们的思辨似乎是抽象的，甚至是一般读者所不能理解的，但是，他们的目的是得到有学问、有智慧的人的赞同。如果他们能够发现某些隐藏的真理，这些真理能够对后人有教益，他们就认为他们毕生的辛劳得到了充分的补偿。

的确，那种轻松明白的哲学比起精确深奥的哲学，将永远得到大多数人的喜爱；许多人推荐轻松明白的哲学，不仅因为它比精确深奥的哲学更使人惬意，而且因为它更有用。它更深入日常生活，更能塑造人的心境和情感。而且，由于触及了对人们有激励作用的那些原则，它改进了人们的行为，使他们更接近于它所描述的那个完美典范。与此相反，由于深奥的哲学所依据的心性是无法进入事务和行动之中的，所以，当这样的哲学家离开暗处，进入光天化日之下，深奥的哲学就烟消云散了。它的原则也不容易对我们的行动和行为保持任何影响。我们心中的感受，激荡的情绪，强烈的感情，把它的全部结论都驱散了，并把深奥的哲学家变成一个十足的俗人。

我们还应当承认，最持久、最良好的声誉已经被轻松的哲学得到了，而且，抽象的推理者由于他们同时代人的乖僻和无知，似乎至今也只享受到短暂的荣誉，他们仍然无法使他们的声誉得到比较公正的后人的支持。一位深奥的哲学家在他的精细推理中是很容易犯错误的；他不断进行推论，他不会因为一个结论看上去不同寻常，或者与流行的观点相矛盾，就不接受这个结论，这时，一个错误就必定会产生另一个错误。而对于一位只打算以比较优美动人的笔触描述人类常识的哲学家，即使他偶然陷入错误，也不会继续错下去；他会重新诉诸常识和心灵自然而然的情感，返回到正确的道路上来，使自己免于任何危险的幻想。西塞罗（M. T. Cicero）[①]的声名现在仍然显耀，而亚里士多德（Aristotle）[②]的名望却完全衰落了；拉布吕耶尔（Jean de La Bruyère）[③]的名字四海皆知，声望犹存，而马勒伯

① 西塞罗（前106—前43），古罗马政治家、哲学家、演说家。

② 亚里士多德（前384—前322），古希腊哲学家。

③ 拉布吕耶尔（1645—1696），法国作家，主要作品有散文集《品格论》。

朗士（Malebranche）[①] 的荣誉则只限于他的本国和他那个时代。爱迪生（Addison）[②] 的著作也许会被人们愉快地阅读，而洛克（John Locke）[③] 的著作则会被完全遗忘掉。

纯粹的哲学家是这样的人，他通常不大为世人所接受，因为据认为他对社会的利益和快乐没有做出贡献；他的生活远远离开与人类的交往，而且醉心于同样远不为人们所理解的原则和概念之中。而另一方面，完全无知的人是更可鄙的；在一个科学繁荣的时代和国家中，他对那些高雅的消遣完全没有任何情趣，他也同样不把任何事情看成是下流心灵的确切迹象。据认为，最完美的品格是居于那些极端之间的；对读书、交友和事务保持同样的能力和情趣；在谈话中保持着由优雅文学（polite letters）[④] 而来的那种敏锐和雅致，在事务中保持着由正当哲学所自然产生的那种正直和精确。为了使这样造就出来的品格得到推广和培植，没有什么东西能比文体和风格轻松宜人的作品更有用的了，这些作品离开生活并不太远，也不需要深入钻研或苦思冥想来加以理解，它们给人们当中研究它们的学者带回来的是十分高尚的情感和明智的准则，这些情感和准则能用于应对人生的一切危难。由于有了这样的作品，德性变得可亲了，科学变得惬意了，交往变得有教益，退隐生活变得愉快了。

人是理性的存在物，并以此从科学中接受他的恰当食物和

---

① 马勒伯朗士（1638—1715），法国哲学家。

② 爱迪生（1637—1719），英国文学家和文学评论家。

③ 洛克（1632—1704），英国经验论哲学家。

④ 指精致优雅的文学作品，也包括同样风格的哲学著作在内。

养料。可是，人类理智的界限是非常狭窄的，以至于在这一点上，他的所得不论从范围上还是从可靠性上，都无望得到满足。人是理性的存在物，同样还是社会的存在物。可是，他既不能永远享受快乐有趣的交际，也不能永远对那些同伴保持恰当的情趣。人还是行动的存在物。由于这种性情以及人生的各种必需，他还不得不从事商务和职业。可是，心灵也需要某种松弛，它不能永远支撑它操劳勤奋的倾向。于是，自然似乎已经指出了一种最适合于人类的混合生活，而且它秘密地告诫人们，不要让那些偏见有过大的牵制，以至于使他们不能进行其他的工作和消遣。它说，你纵情爱好科学吧，但是，要让你的科学成为人的科学，成为那种能与行动和社会有直接关系的科学。它说，对于深奥的思想和深刻的研究，我是禁止的，而且我将对此做出严厉的惩罚：这些惩罚就是它们给你带来的沉思中的忧郁，就是它们使你陷入的无穷无尽的不确定性，就是你自称的发明被传达出去后将受到的冷遇。做一个哲学家吧，不过，在你的全部哲学中，你仍然要做一个人。

假如大多数人真的满足于喜爱轻松的哲学，不喜爱抽象深奥的哲学，对后者也不加任何责备或蔑视，那么，遵从这个普遍的意见，让每个人都不受反对地享有他自己的趣味和情感，也许并不是不恰当的。可是，这件事往往被做得太过了，甚至到了把一切深刻推理或通常所说的形而上学绝对排斥的地步，现在，我们将着手考察，看我们能拿出什么理由为它们作合理的辩护。

首先我们可以看到，由精确而抽象的哲学中产生的一个重大益处是它对轻松的、人文的哲学有帮助。没有前一种哲学，后一种哲学也绝不能在其情感、戒律和推理中达到足够精确的程度。一切优雅文学不是别的，只是关于各种态度和各种情况下的人生的图画。它们依照它们摆在我们面前的对象的性质，激起我们赞扬和谴责、欣赏和嘲笑的不同情感。如果一个艺术家除了有优雅的趣味和敏捷的理解，而且对它们的内在结构，对理智的活动，对感情的作用，以及对辨别善恶的各种情感，有精确的知识，那么，他必定更适于在这项事业上取得成功。不论这种对内部的探索和研究会显得如何费力，但对于要成功地描述生活和风俗的明显的表面现象的那些人来说，它在某种程度上成为必不可少的。解剖家把最丑陋、最令人不快的对象呈现在我们眼前，可是，他的科学即使对于描绘维纳斯或海伦[1]的画像的画家也是有用的。虽然画家运用其艺术中一切最丰富的色彩，赋予他笔下的人物最优美、最迷人的神态，但是，他仍然必须注意人体的内部构造，各处肌肉的状态，骨骼的结构，以及身体每个部分或器官的用处和形相。在任何情况下，精确都有助于美，而正确的推理则有助于细腻的情感。我们要想贬低其中一个以便抬高另外一个，乃是徒劳的。

此外，在每个技艺或专门职业中，即使在那些最关乎人生或行动的技艺或职业中，我们都可以看到，务求精确的精神，不管这个精神是如何获得的，都会使它们更趋完美，并使它们更有助于社会的利益。虽然一个哲学家的生活可能会远离实际事务，可是，如果哲学的风气被许多人小心地培养起来，它必

① 维纳斯，罗马神话中的爱神和美神，相当于希腊神话中的阿佛洛狄特；海伦，希腊神话中的女神。

定逐渐蔓延到整个社会，并使每一种技艺和行业都同样地得到端正。政治家将在权力的划分和平衡上，具有较大的预见和机敏；法学家将在其推理中得到更多的方法和更精细的原则；军队将领的军事技能将更加规范，他的计划和行动将更加谨慎。现代政府比古代政府更稳固，现代哲学比古代哲学更精确，这种稳固和精确已经得到增进，而且很可能仍将以相似的程度来增进。

即使从这些研究中果真得不到任何益处，而只能满足于天真的好奇心，那也不应藐视这种满足，因为它在人类所赋有的那些不多的、安全无害的快乐上，又增加了一种。人生最美好、最无害的小径，是贯穿在科学和学问的大路中的；不论任何人，只要他能将这条路上的任何障碍清除掉，或开辟了任何新的境界，就此而言，他就应被认作是人类的恩人。虽然这些研究可能看上去是使人劳累疲惫的，可是，这种情况对于有些心灵来说，就如同对有些人的身体一样：有些人的身体健康强壮，因而他要求有强烈的运动，而在大多数人看来可能是繁重而辛苦的活动中，他却得到了快乐。的确，昏暗既对眼睛是痛苦的，对于心灵也是痛苦的，可是，如果我们不论通过何种努力，使昏暗中发出光明来，那恰恰是令人高兴和愉快的。

不过，人们之所以反对深奥和抽象哲学中的昏暗不明，不仅因为它使人劳累疲惫，而且因为它是错误和不确定性的不可避免的来源。这里的确对相当大一部分形而上学提出了最公正、最貌似合理的反驳：恰当地说，它们不是科学。它们之出现，要么是由于人类虚荣心的无结果的努力，这些努力要探察理智所完全不能接近的题目；要么是由于流行迷信所使出的诡计，这些迷信因为不能用良好的根据为自己辩护，所以就用这些缠绕的荆棘来掩护它们的弱点。这些强盗被从旷野中赶出来，逃入树林中，埋伏在那里，伺机打断心灵的每一个不设防的路径，用宗教的恐惧和偏见将它压垮。即使是最顽强的反对者，如果他稍不注意，就会受到压抑。许多人由于怯懦和愚昧，向敌人敞开了大门，毕恭毕敬、心甘情愿地接受他们，把他们当作自己的合法的统治者。

可是，难道这就是哲学家应当停止这类研究，仍然让迷信占据它们的避居地的充足理由吗？如果我们由此得出相反的结论，而且看到有必要向敌人发起反击，直至其最隐秘处，难道有什么不恰当吗？如果我们希望，人们由于屡屡失望，最终会放弃这种虚无缥缈的研究，并发现出人类理性的恰当领域来，那是白费力气的。因为许多人感到，经常回想那类题目是很有趣味的。此外，我要说，引起盲目失望的那个动机在科学中并无合理的地位，因为不论以前的尝试可能已经证明是如何不成功，但希望仍然是存在的。我们可以希望，后代人的勤奋、幸运或更高的智慧，可以使他们得到以往年代所不知道的发现。每个喜欢冒险的天才都会立刻追求这个艰难的目标，而且发现自己并没有被前人的失败所挫伤，而是受到激励，这时他希望，完成如此困难的冒险所带来的荣誉是只留给他一个人的。使学问立刻摆脱这些深奥问题的唯一办法，是认真研究人类理智的性质，并且通过对理智的力量和能力的精确分析来表明，理智是绝不适合这样一些遥远而深奥的题目的。为了今后生活得轻松起来，我们现在必须忍受这种研究的劳累；为了消灭虚假的形而上学，我们必须小心地培养真正的形而上学。对有些人来说，懒惰为他们提供了防御那种骗人哲学的保护，而对另外一些人来说，懒惰却被好奇心所压倒；失望有时会流行，但后来它也可以让位于乐观的希望和期待。精确恰当的推理是唯一普遍的补救办法，它适合于一切人和一切脾性；唯有它能推翻那个深奥的哲学和形而上学的妄语。那个哲学由于同流行的迷信混合起来，使得它在某种程度上不能为粗心的推理者所接受，使它显出科学和智慧的样子。

经过审慎的研究之后，将学问中最不确定、最令人不快的部分抛弃掉，这是有益的。除了这个益处之外，这里还有许多确切的利益，这些利益是从对人性的力量和能力的精确研究中产生的。对于心灵的活动而言，值得注意的是，虽然这些活动非常密切地呈现于我们，然而，每当它们成为反省的对象，它们似乎就陷入不明；我们的眼睛不容易发现将它们分辨和区别开来的那些界线。这些对象太精细了，无法长久保持相同的样子或情形；我们必须用从天性中得到的，被习惯和反省所提高了的卓越洞察力，在瞬间把握住它们。因此，我们要知道心灵的不同活动，将它们互相区分开，将它们归类在恰当的名目之下，将它们在作为反省和研究的对象时所陷入的一切表面混乱都纠正过来，而仅仅做到这些，就已经成为科学的不容忽视的组成部分了。这种整理和辨别工作，如果用于外界物体，用于我们感官的对象，是没有任何价值的，而当这个工作是针对心灵的活动的，其价值就会提高，并与我们从事这项工作时遇到的困难和付出的劳动成正比。即使我们不能前进太远，只能完成这门精神的地理学（mental geography），或者描画出心灵的不同部分和能力，那么，我们走到这一步至少也能满意了；而且，这门科学越是显而易见（现在它还不是很明显的），那么，一切安称懂得学问和哲学的人，如果对它一无所知，就越应被认为是可鄙的。我们不能再怀疑这门科学是不确定的、幻想的，除非我们持有那样一种怀疑主义，它把一切思考甚至行动都完全推翻了。我们不能怀疑，心灵是赋有各种能力和才能的；我们不能怀疑，这些能力是互相区别的；我们不能怀疑，当下知觉到的实际各别的东西，可以用反省分辨出来；因而，我们也不能怀疑，在关于这个题目的一切命题中，有真理和谬误，而且，这真理和谬误是在人类理智的范围之内的。这种明显的区别是很多的，诸如意志和理智的区别，想象和感情的区别等，它们可以被每一个人所理解；比较精细、比较哲学化的区别也依然是真实的、确定的，尽管比较难理解。这些研究中的某些成功事例，尤其是近来的一些事例，可以给我们提供有关这门学问分支的确定性和可靠性的较为恰当的看法。一个哲学家给我们描述了一个真实的行星系统，修正了那些遥远星体的位置和秩序，我们认为他的劳动是值得的，而有些人非常成功地描述了与我们密切相关的心灵的各个部分，难道我们对这些人应当佯作不见吗？①

---

① 在较早的其他版本中，此处还有如下文字："我们辨别真理和谬误的能力和我们知觉善和恶的能力，长期被互相混淆了，而且一切道德都被认为是建立在永恒不变的关系上，这些关系对于每一个理智的心灵来说，都像关于数或量的任何命题那样是同样不变的。可是，一位已故的哲学家用最可信的论证教导我们，道德不在事物抽象的性质中，而是完全与每一特定存在者的情感或内心情趣相关的；其方式与甜和苦、热和冷的区别由各个感官的特殊感觉中产生出来一样。因此，道德知觉不应归类于理智的活动，而应归类于趣味或情感。"

而且，如果哲学经过细心的培养，并由于公众的关注而得到鼓励，它就可以把研究更推进一步，至少在某种程度上发现驱动人类心灵活动的各种秘密的根源和原理，难道我们不能这样来希望吗？天文学家长期以来满足于从现象证明天体的真实运动、秩序和体积，直到最后出现了一位哲学家，他从最巧妙的推理出发，似乎也确定了支配和指导行星运转的那些法则和力量。在自然的其他方面，也做了相似的工作。我们在研究心理的能力和组织结构时，如果用同样的才力同样谨慎地行事，那么，我们也可以取得同样的成功，对此我们没有任何失望的理由。心灵的一个活动和原则很可能是依赖于另一个活动和原

"过去，哲学家们通常把心灵的情感分为两类：自私的和慈善的，认为它们永远是相反和对立的；他们认为，如果不牺牲前者，后者就不能达到它们的恰当目的。在自私的情感中有贪婪、野心、报复心；在慈善的情感中有天生的爱、友情、公益精神。哲学家们现在已能看出这种划分是不恰当的（见巴特勒的《布道集》)。人们已经毫无争议地证明，即使那些公认的自私情感，也使心灵超出于自我，直接达到慈善的目的；人们还证明，虽然满足这些情感给我们带来快乐，但是，对这个快乐的期望并不是这个情感的原因，而正相反，这个情感是先于这个快乐的，没有前者，后者不可能存在；人们还证明，这个情形与被称作慈善的那些情感的情形完全相同，从而也证明了，一个人在追求自己的荣誉时并不是自私的，就如同他把友人的幸福当作自己希冀的目标时不是自私的一样；他为公众的利益牺牲自己的安逸不是无私的，就如同他为满足自己的贪欲或野心而努力不是无私的一样。因此，这里对情感的界限做了很大的调整，这些界限由于以前哲学家的疏忽或不精确，已经被混淆了。这两个例子足以向我们表明此类哲学的性质和重要性。"（根据格林和格罗斯编《休谟的道德、政治和文学论文集》第二卷译出）

则的，那另一个活动和原则又可以分解为更基本、更普遍的活动和原则。至于这些研究能进行到何种程度，在我们认真尝试之前，甚至在尝试之后，都难以准确断定。可以肯定，甚至对哲学研究最粗心大意的人，也每天都做着这种尝试。而且，没有什么事情能比小心谨慎、全神贯注地从事这项事业更必要的了。可以肯定，如果这项事业是人类理智范围之内的事，那么，我们就最终能够幸运地完成这项事业。如果这项事业不在人类理智的范围之内，那么，我们仍然可以自信而稳妥地将它放弃掉。这最后一个结论肯定不是我们所想望的，我们不应轻率地接受这个结论。因为如果依照这样的假定，我们不是一定会把这种哲学的美妙和价值贬损很多吗？激起我们赞赏和厌恶的那些行为是大量的、各种各样的，道德学家在考察这些行为时，至今一直习惯于寻找这类情感所依赖的某个共同的原则。虽然由于他们对某个普遍原则的爱，有时把事情做得太过，但必须承认，他们是可以原谅的，因为他们希望找到某些基本的原则，使一切恶和德都正好分解于其上。批评家、逻辑学家，甚至政治家都努力在做同样的事情。虽然他们的尝试并非完全不成功，但是，也许再用更长的时间、更大的精确性、更加热心专注，他们就可以将这些科学发展得更趋完美。可以恰当地认为，要把所有这种企图马上抛弃掉的做法是轻率的、鲁莽的、武断的，甚至比那种试图把粗糙的命令和原则强加给人类的最大胆、最肯定的哲学，更轻率、更鲁莽、更武断。

尽管有关人性的这些推理似乎是抽象的、难以理解的，但那又何妨呢？我们并不能因此推断它们是错误的。正相反，至今那么多聪明深刻的哲学家所不了解的东西，似乎也不可能是非常明显和容易的。不论这些研究可能要我们付出何种辛劳，只要我们能以此在这些重要得无以言表的论题上增加了我们的知识，那我们就可以自认为不仅在利益方面，而且在快乐方面，都得到了充分的报偿。

不过，因为这些思辨的抽象性毕竟是不可取的，或不如说对思辨是不利的，而且这个困难也许可以用谨慎和技巧，通过避免一切不必要的细节来克服，所以，在下面的研究中，我们打算阐明一些论题。迄今为止，这些论题的不确定性已经阻挡了聪明人对它们的研究，这些论题的晦涩不明已经使无知者在它们面前止步。如果我们使深奥的研究清楚明晰，使真理与新奇相和谐，从而能将各种哲学的界限统一起来，那该多么幸福啊！如果由于这种轻松推理，我们能够将至今似乎只用于庇护迷信①，只用于掩盖荒谬和错误的一种深奥哲学的基础摧毁了，那我们就更幸福了！

---

① 这里所说的迷信主要指基督教。

第二章　论观念的起源

每个人都很容易承认，在心灵的知觉之间有很大的区别：当一个人感到过热的痛苦，或感到温暖的愉快时，他这时的知觉，与他后来将这个感觉在记忆中唤起，或借想象预料这个感觉时的知觉，是很不相同的。后者的记忆和想象官能可以模仿感官知觉，或成为其摹本，但是，它们不能完全达到原始经验①的力量和活跃性。即使它们以极大的力量活动时，我们至多只能说，它们非常生动地表象了它们的对象，以至于我们几乎可以说，我们感到或看到了那个对象。不过，除了心灵被疾病或疯狂所搅乱的情况外，记忆和想象官能从不能达到使这些知觉完全不能分辨的活跃程度。诗歌中的各种修饰不论如何精彩，也不能把自然事物描绘得使我们把那种描写当作真实的景致。最生动的思想与最迟钝的感觉相比，仍然是逊色的。

---

① 此处“经验”一词的英文原文是 sentiment，根据塞比-比格第三版校订者的注释，应指 experience（经验）。

我们在心灵的其他一切知觉中都可以看到类似的区别。一个人在发怒时激动的方式，与一个人仅仅想到那种情绪时激动的方式，是很不相同的。如果你告诉我，某个人在恋爱，我很容易理解你的意思，并对那个人的处境形成一个恰当的概念；但是，我绝不会误把这个概念当作真正的爱情骚动和纷扰。当我们反省我们过去的情感和感情时，我们的思想是一面忠实的镜子，它真实地提供出它的对象的摹本；但是，思想所用的颜色与我们的原始知觉所带有的颜色相比，是稀薄的、暗淡的。我们不需要仔细的辨别或形而上学的头脑，就可以注意到它们之间的区别。

因此，在这里我们可以把心灵中的全部知觉分为两类，根据它们的力量和活跃性的不同程度来区分它们。我们把比较微弱的、比较不活跃的知觉通常称作思想或观念。另一种知觉在我们的语言以及在其他大多数语言中没有名称；我猜想，这是因为除了出于哲学的目的之外，对其他任何目的而言都没有必要把它们列在一个普遍的词或普遍的名称之下。所以，让我们稍微随便一点，称它们为印象，我们用这个词与它的通常意义有所不同。我用印象一词是指当我们听、看、触、爱、恨、欲求、意愿的时候，我们所具有的一切比较生动的知觉。印象是与观念有区别的，观念是我们反省上述那些感觉或活动时我们所意识到的较不生动的知觉。

初看起来，似乎没有什么东西能比人的思想更不受约束的了，它不仅能从人类的各种权力和权威下逃脱，甚至不受自然和现实的局限。想象出各种鬼怪，用想象把各种不协调的形状和现象结合在一起，这对想象并不麻烦，就如同用想象构想最自然、最熟悉的对象并不麻烦一样。虽然我们的身体被限制在一个星球上，痛苦而艰难地在它上面蠕动，可是，我们的思想却可以在一瞬间将我们带到宇宙最遥远的地方，甚至超出这个宇宙，进入无边无际的混沌之中，据猜想，在那里自然完全是混乱的。从来未见过、未听过的东西，也可以被构想，除了蕴涵着绝对矛盾的东西，没有任何事物超出于思想的力量之外。

但是，虽然我们的思想似乎有这种无限的自由，不过，我们经过比较细致的考察发现，思想实际上被限制在非常狭小的范围内，而且心灵的那种创造力，都不过是一种官能，这种官能把由感官和经验提供给我们的材料加以混合、调换、增加或减少。当我们想到一座金山的时候，我们只是把以前熟悉的两个相容的观念黄金和山结合在一起。我们可以构想一匹有德性的马，因为我们可以从我们自己的感受中构想出德性，我们可以把这个德性结合到我们所熟悉的动物马的形象上。简言之，思维的全部材料都是从我们的外部或内部的知觉[①]来的，而心灵和意志只对它们进行混合和编排。或者用哲学的语言来表述我的意思，那就是：我们的一切观念或比较微弱的知觉是我们的印象或比较生动的知觉的摹本。

要证明这一点，我希望有如下两点论证就足够了。第一点：当我们分析我们的思想或观念时，不论它们多么复杂或崇高，我们总是发现，它们都分解为简单的观念，这些简单观念是对

---

① 此处“知觉”一词的英文原文是 sentiment，根据塞比-比格第三版校订者的注释，意指 perception（知觉）。

先前的感受或知觉的摹本。即使有些观念初看起来似乎离这个来源相去甚远，然而我们经过较密切的检查发现，它们也是出自那个来源。上帝的观念是指一个具有无限的理智、智慧和善意的存在，这个观念之生起，是由于我们反省我们自己心灵的活动，无限加大那些具有善意和智慧的性质而来的。无论我们可以将这一探究进行到任何程度，我们都会发现，我们考察的每一个观念都是从与其相似的一个印象来的。有些人会断言说，这个观点不是普遍真的，不是没有例外的，那么，他们驳斥这个观点有一个唯一而容易的办法：提出一个观念来，这个观念依他们所见不是从那个根源来的。这样一来，如果我们要坚持我们的学说，我们就要提出与那个观念对应的印象即生动的知觉来，这是我们义不容辞的责任。

第二点：如果一个人碰巧由于感官的缺陷，没有某种感觉，那么我们总会发现，他也没有相应的观念。一个盲人不能形成任何颜色的概念，一个聋人不能形成任何声音的概念。如果你把他们任一个人的有缺陷的感官修复了，那么，由于你为他的感觉开辟了一个新的入口，你也就为相应的观念开辟了入口，而他就发现，在构想这些对象时没有任何困难。与此相同，如果一个对象适于激起某种感觉，但它从未作用于那个感官，那个感觉也不会生起。比如，一个拉普兰人或黑人对于酒的滋味就没有任何概念。虽然在心灵中很少以至没有类似缺陷的情况，在那种情况下，一个人从未感到人类所具有的情感或感情，或者完全没有得到那种情感或感情的能力，但是，我们仍观察到同样的现象发生，只是它们的程度较弱。一个温和的人不会形成关于顽固的报复或残忍的任何观念；一个心地自私的人也不容易想到崇高的友谊和伟大的慷慨。人们很容易承认，其他生物也许会有我们所想不到的许多感官，因为按照一个观念能够进入心灵的唯一方式，即通过实际的感受和感觉进入心灵这个方式，从来没有任何关于那些感官的观念进入我们的心中。

不过，有一个与上述矛盾的现象，可以证明，观念不依靠相应的印象而生起，并不是绝对不可能的。我相信，人们很容易承认，许多由眼睛而来的不同颜色的观念，或者由耳朵传来的不同声音的观念，虽然实际上互相区别，但仍然是很相似的。既然这种情况适合于不同的颜色，它也一定同样适合于同一个颜色的不同色调，而且每一个色调产生了不依赖于其他色调的一个不同的观念。如果你不承认这一点，我们借着色调的逐渐变化，也可以将一个颜色不知不觉地推进到与它相差甚远的地步；如果你不承认这个过程中间的任何色调是不同的，那么，你就不能否认两端的颜色是同样的，而且你这样做并不荒谬。假定一个人三十年来一直有视力，假定他对各种颜色都十分熟悉，只有一种特殊的色调，比方说一种蓝色的色调除外，这个色调他从未有幸见到过。现在，我们把蓝色的全部各种色调，除了那个单个的特殊色调外，由深到浅地依次排列，全都放在他的面前。显然，他将在缺少那个特殊色调之处看到一块空白，他将会感觉到，那里相邻的颜色之间比其他任何颜色之间有较大的距离。于是，我要问，虽然这个人的感官从未将那个特殊的色调传达给他，那么，这个人是否能够凭借自己的想象，弥补那个缺陷，自己生起那个色调的观念呢？我相信，几乎所有的人都会认为他能够做到。这个例子可以作为一个证据，说明简单观念并非在一切情况下都出自于相应的印象，尽管这个例子是非常个别的，不值得我们的注意，不值得单单为它改变我们的普遍的准则。

由此我们就有了一个命题，这个命题不仅其本身似乎是简单的、可理解的，而且，假如我们果真将它利用得当，也许能使一切争论都变得同样可以理解，并把所有那些妄语都清除掉，那些妄语长期占据着形而上学的推理，使它们蒙上了耻辱。一切观念，尤其是抽象观念，当然是微弱的、模糊的，心灵只是轻微地把握住它们，它们很容易同其他相似的观念相混淆；如果我们经常使用一个词项，虽然它没有确定的意义，我们也容易想象它附带有一个确定的观念。与此相反，一切印象，即一切感觉，不论外部的感觉还是内部的感觉，都是强烈的、生动的，它们之间的界限是比较精确确定了的，对于它们我们不容易陷入错误。因此，当我们怀疑人们使用的一个哲学词项并无任何意义或观念（这种情况是很经常的），我们只需要查问一下，那个假定的观念是从什么印象来的？如果不能指出任何印象，那就有助于确证我们的怀疑。我们可以合理地希望，用这样明确的观点来说明观念，就可以排除关于观念的性质和实在性的一切争论。[①]

① 也许否认天赋观念的那些人的意思无非是说，一切观念都是我们的印象的摹本，但是应当承认，他们所用的那些术语并没有谨慎选择，也没有精确界定，以至于不能防止对他们的学说的一切误会。天赋的一词是什么意思呢？如果天赋的等同于自然的，那么，不论我们在何种意义上使用自然的一词，不论自然的东西是否与反常的、人造的、神奇的东西对立，我们都应承认，心灵中的一切知觉和观念都是天赋的或自然的。

如果天赋的一词是指与我们出生同时的，那么这里的争论似乎是轻浮的，我们也不值得去探究思维是在什么时间开始的，是在我们出生之前，还是在出生的当时，还是在出生之后。而且，洛克等人通常是在很不严格的意义上使用观念一词的，他们不但用它代表我们的任何思想，还代表我们的任何知觉、感觉和感情。那么，在他们所用的意义上，我想要知道，当你断言自爱、受伤害时的抱怨、两性之间的爱情不是天赋的，你的意思会是什么呢？

可是，当我们在上述意义上采纳印象和观念这两个词，并且把天赋的理解为原始的或非由先前的知觉摹拟而来的，那么，我们就可以断言说，我们的一切印象都是天赋的，而我们的观念不是天赋的。

坦率地说，我必须承认，在我看来，洛克是受了经院学家的引诱才陷入那个问题中的，那些经院学家用一些不明确的词，将他们的争论拖得很长，却从未触及所论问题的要害。在这位哲学家关于这个论题以及其他大多数论题的推理中，似乎都贯穿着类似的词义含混和用语冗赘。——原注

第三章　论观念的联结

很明显，在心灵的各种思想或观念之间，有一种联结的原则，而且，当思想或观念出现在记忆或想象中的时候，它们是以某种程度的秩序和规则性互相引生出来。在我们比较认真地思考或谈论时，我们可以很明显地看到，任何特殊的思想打断了观念有规则的进程或系列，它都会立刻被注意到，并受到排斥。即使在我们非常狂乱而缥缈的幻想中，甚至在我们的梦境中，如果我们反省的话，也会发现，想象不完全是随便乱来的，在互相接续的不同观念中，仍然保持着一种联结。假如我们把最松散、最任意的谈话记录下来，我们立刻会看到，在谈话的全部转换变化中，都有某种东西将谈话联结起来。如果没有这种东西，打断谈话头绪的那个人也会告诉你，在他心中仍然秘密地萦绕着一种思想接续，逐渐将他从那个话题引开。在不同的语言中，即使我们无法猜想到那里的任何联系或交流，我们也会发现，用来表达观念的最复杂的词语，仍几乎是互相对应的。这是一个确凿的证据，它表明，包括在复杂观念中的简单观念是根据某种普遍的原则结合在一起的，这个普遍原则对全人类都有影响。

虽然不同的观念被联系在一起这个事实是非常明显的，我们不会看不到，可是，我没有发现任何哲学家打算将所有这些联结原则列举出来，或将它们分类。不论如何，这似乎是一个能满足我们好奇心的题目。在我看来，观念中的联系原则似乎只有三种，即相似、时间或地点上的接近、原因或结果。

我相信，这些原则有助于将观念联系起来，是没有多大疑问的。一幅图画自然而然地将我们的思想引到所画的原物上[①]；在谈论一幢建筑中的一个房间时，自然而然会引来询问或谈论其他的房间[②]；如果我们想到一处伤口，我们就禁不住想到由它带来的痛苦[③]。不过，我们很难使读者乃至使自己满意地证明，这里的列举是完全的，除此以外就没有其他的联结原则了。在此情况下，一切我们所能做的，就是浏览一些例证，小心地考察将不同思想结合在一起的原则，直到使这个原则尽可能地普遍化为止。[④]我们考察的例证越多、用心越细，我们就越能确信，总的来看，我们的列举是完整的、全部的。

---

① 相似。——原注

② 接近。——原注

③ 原因和结果。——原注

④ 例如，对照或对立也是观念中间的一种联系，不过，它似乎可以被看成是因果关系和相似关系的混合。当两个对象是相反的时候，一个就会消灭另一个，也就是说，使一个对象消灭的原因，以及一个对象被消灭的观念，就蕴涵着它以前存在的观念。——原注

第四章　关于理智活动的怀疑主义的怀疑

第一节

人类理性或人类研究的一切对象可以自然而然地分为两类，即观念的关系（Relations of Ideas）和实际的事情（Matters of Fact）。第一类中有几何、代数、算术等科学，简言之，在直觉上或演证上具有确定性的一切断言，都属于此类。直角三角形弦的平方等于两个边的平方之和这个命题，是表示这些图形之间的关系的命题。三乘以五等于三十的一半这个命题，表示了这些数目之间的关系。这类命题仅仅依靠思想的活动就能发现出来，并不依靠在宇宙中任何地方存在的东西。即使在自然中没有一个真的圆或三角形，欧几里得所证明的真理仍永远保持其确定性和明白性。

实际的事情是人类理性的第二类对象，它们不能以上述同样的方式来确定，我们关于它们的真理性的证据不论如何重大，也不具有与前述证据同样的性质。每个实际的事情的反面都是可能的，因为它不可能蕴涵矛盾，它可以同样方便、清晰地被心灵构想出来，就好像它从来就是与实在相符合的。太阳明天将不升起这个命题仍然是可以理解的，它不蕴涵矛盾，就如同太阳明天将升起这个断言不蕴涵矛盾一样。因此，我们试图证明它的虚假，乃是徒劳的。假如我们真的能证明它是虚假的，那么它就会蕴涵一个矛盾，它就不能清楚地被心灵所构想。

因此，这里有一种证据，它在我们当下的感官证据之外，或在我们记忆的记载之外，使我们对任何实际的存在和事实抱以确信。我们要研究这种证据的性质是什么，这是一个可以满足我们好奇心的题目。我们可以看到，这部分哲学既没有得到古人也没有得到今人的培养。这些研究是如此重要，而我们在穿越如此艰难的研究道路时，也没有任何向导或指引，因此，对于我们在研究中出现的疑虑和错误，比较能得到人们的原谅。这些疑虑和错误也可以表明是有用的，因为它们激起了我们的好奇心，把有损于一切推理和自由探讨的盲目确信和安心摧毁了。我认为，在一般哲学中发现缺点（如果有的话），并不会使我们沮丧，反倒会成为一种激励，如通常一样，这会促使我们尝试某种理论，这种理论将比以前已经向公众提出的理论更充分、更令人满意。

有关实际事情的一切推理似乎都是建立在因果关系上的。仅仅依靠这个关系，我们就可以超出我们的记忆和感官的证据之外。假如你问一个人，为什么他相信任何未出现的事实，例如他的朋友在乡下或在法国那样的事实，那么，他会给你一个理由，这个理由会是另外某个事实，比如，他收到了他朋友的一封信，或者知道他朋友以前有那样的决心和承诺。一个人在一座荒岛上发现了一块表或任何其他的器械，他会得出结论说，在那座岛上曾经有过人。我们关于事实的一切推理都有同样的性质。在此人们永远假定，在当前的事实和由它推出的事实之间，有一种联系。假如没有东西把它们连接在一起的话，那个推断就是完全靠不住的。我们听到在黑暗中有清晰发出的声音和有条理的谈话，我们就会相信有人在那里。为什么呢？因为那些情形都是人体的组织结构造成的结果，而且是与那种组织结构密切联系在一起的。如果我们对其他所有这类性质的推理进行剖析，我们将会发现，它们都是建立在因果关系上的，而且这种关系不是挨近的，就是遥远的，不是直接的，就是附带的。热和光是火的附带结果，而且其中一个结果可以恰当地从另一个结果推断出来。

因此，如果我们要确实弄明白使我们对实际的事情抱以确信的那个证据的性质，我们就必须研究我们是如何得到因果知识的。

我将大胆地断言一个不容许有任何例外的普遍命题：这种关系的知识，在任何情况下，都不是由先天的推理获得的，而是当我们发现任何一些特定对象互相恒常地会合在一起时，完全从我们的经验中来的。假定我们将一个对象呈现在一个有很强的自然理性和能力的人面前，如果这个对象是他完全未见过的，他将不能通过最精确地考察这个对象的可感性质，发现它的任何原因或结果。尽管据认为亚当的理性能力在一开始就是完美无缺的，但是，他也不能从水的流动性和透明性，推断水能把他窒息；他也不能从火的光和热，推断火能将他烧伤。任何对象都不能借呈现给感官的性质，揭示出使它产生出来的原因，也不能揭示出它将产生的结果。我们的理性若不借助于经验，就不能引出有关实际的存在和事实的任何推断。

原因和结果不是被理性发现的，而是被经验发现的，对于在记忆中我们完全不曾知道的那类对象，这个命题很容易被承认，因为我们一定意识到，那时我们完全不能预言从那类对象中会产生什么。如果我们把两块光滑的大理石呈现给一个毫无自然哲学[①]素养的人，那么他将不会发现，这两块大理石会那样地粘合在一起，以至于我们从正面把它们拉开需要用很大的力气，而从侧面只要用很小的力气就可以将它们分开。这样的事情因为与自然的通常进程不大相似，所以我们也很容易承认，我们只凭经验才知道它们。任何人都不会想象，火药的爆炸，磁石的吸力，可以用先天的证明来发现。同样，当我们猜想一个结果是依赖于各个部分复杂的机制或秘密的结构时，我们毫不困难地把所有这项知识都归于经验。谁会断言他能给出最终的理由，说明为什么牛奶或面包适于滋养人，而不适于滋养狮子或老虎呢？

不过，有些事情是我们一出现在这个世界上就熟悉的，它们与自然的整个进程非常相似，据认为它们依赖于对象的简单性质，不依赖于各个部分的任何秘密结构。对于这些事情，乍看起来，上述的同样真理似乎就没有同样的证据。我们很容易想象，我们可以不需经验，仅仅通过我们的理性活动，就发现那些结果。我们想象，我们突然被带到这个世界上来，我们一开始就可以推断出，当一个弹子球碰撞另一个弹子球，就把运动传递给了另一个弹子球。而且，我们不需要等待这件事的发生，

① 当时的用语，指自然科学，主要指物理学。

以便确凿地断定这件事。这乃是习惯的影响，当习惯的影响非常大的时候，它不但把我们生来的愚昧掩盖了起来，甚至把它自己也隐藏了起来，它之所以看上去好像没有发生过，只是因为它是在最高程度上才被发现出来的。

不过，要使我们相信，一切自然法则，一切物体的活动，毫无例外都只是根据经验被我们知道的，那么，下面的反省也许就足够了。假如任何对象被呈现给我们，假如要求我们不考虑以前的观察，就宣布将由它产生的结果，那么，我请你回答，心灵必须用什么方式进行这个活动呢？它必须创造或想象某个事件，将它归于那个对象作为其结果，而且很明显，这一创造必定是完全任意的。心灵从来不能借最精确的研究和检查，在假定的原因中发现结果。因为结果与原因是完全不同的，所以，结果绝不能在原因中发现出来。第二个弹子球的运动与第一个弹子球的运动是完全不同的事件；第一个弹子球的运动中没有任何东西暗示出第二个弹子球运动的丝毫迹象。如果将一块石头或一块金属悬在空中，不给它任何支持，它立刻就会落下来。可是，如果我们先天地考虑这件事，那么，我们是否在此情形下发现了任何东西，它能产生这块石头或金属向下运动的观念，而不是向上或任何其他运动的观念呢？

如果我们不参考经验，对于一切自然活动中的一个特殊结果来说，我们最初的想象和创造是任意的，所以，虽然我们假定，在原因和结果之间有一种连接或联系，它把原因和结果结合在一起，使得任何其他结果不可能从原因的活动中产出来，但是，我们也一定认为我们所假定的这种连接或联系是任意的。例如，当我看到一个弹子球沿直线向另一个弹子球滚去，即使我们假定，第二个弹子球的运动偶然使我想到它是两个球接触或相撞的结果，但是，难道我不能构想，成百的不同情况也完全可以从那个原因中来吗？难道这两个球就不能都停在那里绝对不动吗？难道第一个球不能沿直线返回，或者沿任何直线或方向从第二个球那里跳开吗？所有这些假定都是不矛盾的、可构想的。那么，为什么我们要偏爱某一个并不比其他假设更不矛盾、更可构想的假设呢？我们的一切先天推理都不能向我们说明这种偏爱的任何根据。

总之，每一个结果都是与它的原因不同的事件。因此，结果不可能在原因中发现，我们最初先天地对结果所作的虚构或构想，一定完全是任意的。即使我们提出了这个结果之后，我们对结果与原因的联结也一定同样是任意的，因为永远有许多其他的结果，它们对于理性来说，也一定是完全不矛盾的、自然的。因此，如果我们不借助于观察和经验，就妄求确定单一的事件，或者推断任何原因或结果，那是徒劳的。

由此我们可以发现一个理由，它说明为什么任何有理性的、谦虚的哲学家都不妄称确定了任何自然活动的终极原因，也不妄称清楚表明了在宇宙中造成任何个别结果的那个力量的活动。人们承认，人类理性的最大努力，就是借助从类比、经验、观察所进行的推理，把造成自然现象的那些原则还原到比较单纯的地步，将许多特殊的结果分解为少数普遍的原因。不过，对于这些普遍的原因的原因，我们要发现它们乃是徒劳的，对它们所作的任何详细说明都不能使我们满意。人类的好奇心和钻研是被排除在这些终极的源泉和原则之外的。弹性、引力、各部分之间的内聚力、由冲击引起的运动传递，这些也许就是我们在自然中将发现的终极原因和原则。如果借助精确的探究和推理，我们能够将特殊的现象追溯到或接近于那些普遍的原则，我们就自认为十分幸福了。最完美的自然哲学只能将我们的无知避开一时，同样，最完美的道德哲学或形而上学哲学，似乎只适于发现我们更多的无知。因而，观察到人类的盲目和弱点是一切哲学的结果，尽管我们极力逃避或避免看到它们，我们却仍然处处都会看到。

如果我们用几何学来帮助自然哲学，也不能弥补这个缺陷，也不能将我们带进关于终极原因的知识，即使我们凭借使几何学受到公正赞扬的那种推理的全部精确性，也无济于事。混合数学①的各个部分都是依据于一种假设来进行的，即自然在自己的活动中建立了某些规律。混合数学使用抽象推理，要么用于帮助经验发现这些规律，要么当这些规律在特殊情况下的影响依据于距离和数量的任何精确程度时，用来确定这个影响。任何运动物体的动量或力与它的固体容量和速度成复比，就是根据经验发现的一个运动规律。而且，相应而来，如果我们能够用任何装置或机械提高一个较小力量的速度，使它超过对它的阻力，那么，这个小的力量就可以移走最大的障碍物，或提起最大的重量。当我们应用这个规律时，几何学给了我们帮助，它给我们提供了能为任何机器所用的各个零件形状的正确大小。但是，对于这个规律本身的发现仍完全是由于经验，世上的一切抽象推理都不能使我们向认识这个规律迈近一步。当我们先

① 指与自然科学其他学科相结合的数学，与纯数学相区别，尤指数理物理学。

天地进行推理，不依赖任何观察，仅仅考虑呈现于心灵的任何对象或原因时，它绝不能使我们想到任何诸如其结果那样个别的对象的概念，更不能向我们指明它们之间的不可分割、不可损毁的联系。如果一个人能够借推理发现结晶是受热的结果，结冰是受冷的结果，而他以前又不知道这些性质的作用，那么这个人必定是非常精明的。

第二节

但是，对于我们开始时提出的问题，我们还没有得到任何勉强满意的解答。每一解答都会产生与以前的问题同样困难的新问题，都会引导我们进行更进一步的研究。如果我们问："我们关于实际事情的一切推理的性质是怎样的？"恰当的回答似乎是，它们是建立在因果关系上的。如果我们再问："我们关于这个关系的一切推理和结论的根据是什么？"对此可以用一句话来回答：是经验。但是，如果我们依我们的脾气继续刨根问底，问道："从经验而来的一切结论的根据是什么呢？"这意味着一个新的问题，它可能更难解答和解释。有些哲学家摆出智慧过人能力超群的样子，可是，当他们遇到生性爱追问的人，他们的工作就难做了，那些人会把他们从每一个退避的角落赶出来，最后一定会使他们陷入某种危险的困境。要防止这个结果，最好的办法是我们自诩时要谦虚，甚至在人们向我们提出疑难之前，自己就把那个困难发现出来。用这个办法，我们正可以使我们的无知变成一种价值。

在本节中，我将只满足于做一件容易的工作，而且只想对这里提出的问题给出一个否定的回答。那时我要说，即使在我们有了因果活动的经验之后，我们从那个经验中得出的结论也不是建立在推理或任何理智过程的基础上的。对于这个回答，我必须努力加以说明和捍卫。

我们确实必须承认，自然已经将我们远远阻挡在她的全部秘密之外，她只给我们提供了一些对象表面性质的知识，而将这些对象的影响所完全依赖的那些能力和原则，全都向我们掩藏起来。虽然我们的感觉告诉了我们面包的颜色、重量和密度，但是，不论是感觉还是理性，都不能告诉我们使面包适合于滋养和支持人体的那些性质。视觉或触觉传达了物体实际运动的观念，但是，至于说有那样一种力量或能力，它使一个运动物体永远继续不断地改变位置，而且物体只有将它传递给其他的物体时才会失去它，对此我不能形成任何微弱的概念。尽管我们对自然的能力和原则如此无知，可是，当我们看到同样的可感性质时，我们却总是假设，它们有同样的秘密能力，并且期待它们也将产生出与我们经验过的结果相似的结果来。一个物体具有与我们以前吃过的面包相似的颜色和密度，如果这个物体被放在我们面前，我们就会毫不犹豫地重复那个经验，并肯定地预见它能同样滋养和支持人体。这是心灵或思想的一个过程，我很愿意知道这个过程的基础。我们在各方面都承认，在可感的性质和秘密的能力之间没有已知的联系，因而，心灵并不是因为对那些性质和能力的本性有所知，才使心灵对它们的恒常而规则的联合形成那样的结论。至于过去的经验，我们可以承认，它给我们提供的直接而确实的消息，只是关于过去恰恰经验过的那些对象，以及经验认识发生的那个时期的。可是，我们为什么要将这个经验扩展到未来，扩展到据我看来只能是表面相像的其他对象上，这就是我要坚持说明的主要问题。我以前吃的面包给我提供了营养，也就是说，具有那些性质的一个物体，在那时具有那些秘密的能力。可是，我们能否由此推出，别的面包在别的时候也能给我营养，而且，同样的可感性质一定总伴随有同样的秘密能力？这个推论似乎不是必然的。但是，至少我们应当承认，在此心灵作出了一个推论，它采取了某个步骤，这是一个思想过程，一个推论，它需要我们去说明。下面两个命题远不是同样的。一个命题是：*我发现这样一个对象永远被这样一个结果所伴随*；另一个命题是：*我预见到，看起来相似的其他对象将被相似的结果所伴随*。请注意，我将承认，后一个命题可以恰当地从前一个命题推断出来。事实上我知道，它永远是那样推出的。但是，如果你坚持认为这个推论是通过一连串推理作出的，我希望你把那个推理提出来。这两个命题之间的联系不是直觉的。如果那个推论的确是经过推理和证明才作出的，那么，这里就需要一个根据，它可以使心灵能够引出那样一个推论。至于这个根据是什么，我必须承认，这是超出我的理解的。而且，有些人断言这个根据真的存在，是我们关于实际事情的一切结论的根源，那么，这些人就有责任把这个根据指出来。

如果许多敏锐的、有才能的哲学家把他们的研究转向这个方面，而且没有任何人能发现有助于理解这个结论的关联性命题或中间步骤，那么，随着时间的推移，上述否定性论证肯定会变得完全令人信服。但是，因为这个问题仍是一个新问题，并非每一位读者都会那样相信自己的洞察力，以至于因为有一个论证他未研究过，就得出结论说，那个论证实际上不存在。出于这个理由，我们也许有必要冒险做一项比较困难的工作，把人类知识的一切分支都列举出来，努力说明它们没有一个能提供那样的论证。

一切推理可以分为两类，一类是演证性的推理，或关于观念的关系的推理；另一类是至多有或然性的推理，或关于实际的事情和存在的推理。在现在的情形中，似乎明显没有任何演证性的论证，因为自然的进程可以改变，虽然一个对象与我们以前经验过的对象相似，但它也可能被不同或相反的结果所伴随，这里并不蕴涵矛盾。难道我就不能清楚明白地构想，一个物体从云中掉下来，它各方面都像雪，只是有盐的滋味，或触之如火吗？如果我们断言，一切树木都将在十二月和一月繁茂，在五月和六月枯萎，难道还有比这个命题更好理解的命题吗？凡是可以理解的事情，凡是可以清楚构想的事情，都不蕴涵矛盾，都不能用任何演证性的论证或先天的抽象推理，来证明它的虚假。

因此，如果我们是根据一些论证而信赖过去的经验，并把它当作我们对将来的判断的标准，那么，这些论证一定只是或然的，或按照上述的分类，它们一定是关于实际的事情和实际的存在的。但是，如果我们关于这类推理的解释被认为是可靠的、满意的，那么，应当很明显：这类论证是不存在的。我们已经说过，关于存在的一切论证都是建立在因果关系上的，我们关于这个关系的知识完全是从经验来的，而且，我们的一切经验结论都是依据将来与过去相一致的假设而作出的。因此，对于最后这个假设，如果我们致力于用或然的论证，即关于存在的论证去证明，那显然一定陷入循环，把正要证明之点当作理所当然的了。

实际上，从经验而来的一切论证都是建立在我们在自然对象中发现的相似性上的，由于这种相似性，才促使我们期待自然对象将出现那样一些结果，那些结果与我们过去见到的从此类对象而来的结果是相似的。虽然只有蠢人或疯子才妄称要对经验的权威提出质疑，或拒绝经验这个人生的伟大指导，不过，我们的确可以允许哲学家有那样多的好奇心，至少让他考察一下那个人性原则，那个原则赋予经验以如此巨大的权威，并使我们从自然在各种对象中设置的那个相似性中获得利益。我们从似乎相似的原因期待相似的结果。这就是对我们的一切经验结论的概括。似乎很明显,如果这个结论果真是由理性所形成的，那么，它在一开始，而且只在一个事例上，就是完美的，就好像它是在经过很长一段经验之后那样完美一样。然而，情形远非如此。没有什么东西比蛋类更相似了，可是，任何人都不会根据这种表面的相似，期待所有的蛋都有同样的滋味。我们对一个特殊事件的坚定相信和把握，只是在经过长期的任何种类的一律经验之后才得到的。既然从一个事例中得出一个结论的推理过程，完全不同于从成百个与单一事例毫无二致的事例中进行推断的推理过程，那么，从一个事例中得出一个结论的推理过程又是什么呢？我提出这个问题，既是为了向人们提供一个情况，也是想提出一些难题。我无法发现，也无法想象任何这样的推理。不过，如果有任何人愿意赐教，我也虚心领受。

如果有人说，我们从许多一律的经验出发，推断可感的性质和秘密的能力之间的联系，那么，我必须承认，这个说法似乎用不同的词汇表达了同样的困难。那个问题还会被提出来：这个推断依据什么样的论证过程？是何种推断根据，何种中介观念，将相差遥远的两个命题连接起来的呢？显然，面包的颜色、密度和其他可感的性质，并未自动显出与营养和支持人体的秘密能力有任何联系。否则，我们本来可以不需要经验的帮助，一看到那些可感的性质就推断出那些秘密的能力来。而这是违背全体哲学家的意见，违背明显的事实的。在这里，我们处于对一切对象的能力和影响毫无所知的自然状态。经验是如何改善我们的这种状态的呢？它只是向我们显示出许多由特定对象引起的一律的结果，并告诉我们，那些特定的对象，在那个特定的时间，被赋予了那样的能力和力量。当一个具有相似的可感性质的新的对象出现时，我们就期待它有相似的能力和力量，并期待它有相似的结果。我们从一个物体具有与面包相似的颜色、密度，期待它与面包一样能滋养和支持人体。不过，心灵的这个步骤或过程确实是需要加以说明的。如果一个人说，我在过去的一切事例中发现，这样的可感性质是同这样的秘密能力结合在一起的，而他又说，相似的可感性质将永远同相似的秘密能力结合在一起，这时，他并没有犯同语反复的错误，这两个命题在任何方面都不相同。你会说，后一个命题是前一个命题的推断。不过，你必须承认，这个推断既不是直觉的，也不是演证的。那么，它的本性是什么呢？若说它是经验的，那是用未经证明的假定来作论证。因为所有由经验而来的推断都把如下假设当作根据：将来与过去相似，相似的能力将与相似的可感性质结合在一起。假如我们作如下任何猜想：自然的进程可能会改变，过去的事情可能不是将来的规则，那么，一切经验都会变得无用，不能产生任何推断或结论。因此，从经验而来的任何论证都不能证明过去与将来相似，因为所有这些论证都是建立在关于那个相似性的假设上的。我们权且承认，迄今为止，事物的进程都是非常规则的，但是，如果没有某个新的论据或推断，仅凭这一点，并不能证明将来的事物进程继续有规则。即使你妄称已经从过去的经验得知了物体的本性，那也无济于事。即使物体的可感性质没有任何变化，它们的秘密性质，从而它们的全部结果和影响，却可以发生改变。有的时候某些对象有这种情形发生。那么，为什么这种情形并不总能在一切对象上发生呢？你用什么逻辑、什么论证过程来抵御那个猜想呢？如果你说，“用我的实践(practice)来驳倒我的怀疑”，那么，你就误解了我的问题的涵义。作为一个行为者，我对你的观点非常满意，但是，作为有些好奇心的哲学家，我将不主张怀疑主义，我想要知道那个推断的根据。在如此重要的问题上，没有任何读物、任何研究能除去我的困难，或者使我满意。除了将这个困难向公众提出以外，即使我找到解决办法的希望也许是很小的，难道我就不能再做得好一点吗？由于我的尝试，即使没有增加我们的知识，至少我们将觉察到我们的无知。

我必须承认，如果一个人因为自己没有研究过某个证明，就得出结论说，那个证明因而实际上不存在，那么，这个人的傲慢自大是不可宽恕的。我还必须承认，即使一切博学之士多年以来对任何题目的研究都毫无成果，我们若肯定地得出结论说，这个题目因而一定超出了一切人的理解，那么，这个结论也许仍然是仓促的。即使我们考察了我们的知识的一切来源，并断定它们不适合这样一个题目，我仍会猜想，这里对知识来源的列举是不完全的，或者所作的考察是不精确的。不过，说到现在这个题目，有一些意见似乎完全消除了上述对傲慢自大的谴责，消除了对我们犯有错误的猜想。

的确，最无知、最愚蠢的农人——甚至婴儿，更甚至于兽类——都可以借助经验得到提高，通过观察自然对象的性质所引起的结果，了解这些对象的性质。如果一个儿童由于触到烛火而感到疼痛，那么，他以后将小心不使自己的手靠近任何蜡烛；他从蜡烛的可感性质和外观都相似的一个原因，期待一个相似的结果。因此，如果你断言，这个儿童的理智是由于任何论证或推理过程的引导，才得出那个结论的，那么，我可以正当地要求你把那个论证拿出来。你没有任何理由拒绝如此公平的要求。你不能说这个论证是深奥的，可能未被你研究过，因为你表白说，它对于哪怕一个婴儿的接受能力也是显而易见的。如果你因而犹豫了片刻，或者在反省之后提出了任何复杂或深奥的论证，那么，你就是以某种方式放弃了那个问题，而且承认，并不是推理使我们假设过去与将来相似，使我们从表面相似的原因期待相似的结果。这就是我在本章中打算强调的命题。如果我是正确的，我也不妄称做出了任何重大的发现。如果我错了，我应当承认，我的确是一个非常落后的学生，因为我现在仍不能发现似乎在我离开摇篮之前很久就已经完全熟悉了的一个论证。

第五章　对这些怀疑的怀疑论的解决办法

第一节

对哲学的热爱如同对宗教的热爱一样，似乎很容易导致以下的不便：虽然哲学的意图是端正我们的风气，铲除我们的恶行，但是，由于我们从事哲学时的鲁莽，它可能只适于助长占支配地位的倾向，把心灵更坚决地推向由于我们天性的偏颇和癖好早已太过注重的那一面。的确，当我们追求哲学圣贤的崇高坚定性，并努力把我们的快乐完全限制在我们自己的心灵之内，我们最终可以使我们的哲学像爱比克泰德（Epictetus）[①]以及其他斯多亚派学者的哲学一样，只是一个比较精致的自私自利的体系，它说服我们自己既取消了一切社会享乐，也取消了一切社会道德。当我们专心研究人生的虚幻，并把我们的全部思想转向思考富贵和荣誉空洞无常的本性，我们也许总是在满足我们天生的怠惰，这种怠惰憎恨世间的喧闹和事务的劳苦，

① 爱比克泰德（55—135），古罗马斯多亚派哲学家。

因此它以理性为借口，完全而无节制地放纵自己。不过，有一种哲学似乎不容易陷入这种不便，而且因为它不适合于人心中杂乱的感情，所以它也不能和任何天生的爱好或偏向混合起来，这个哲学就是学园派的或怀疑派的哲学。[①]学园派学者总是谈论怀疑和悬置判断，谈论仓促决定的危险，谈论把对理智的探讨限制在非常狭小的范围内，谈论放弃一切不在日常生活和实践范围内的思辨。因此，没有任何东西能比这样一门哲学与心灵的因循怠惰更相反，与心灵的粗鲁傲慢更相反，与心灵的高度狂妄更相反，与心灵迷信的轻信更相反。这门哲学把一切感情都抑制了，只有对真理的爱除外，而这种感情从来没有，也不可能被发展到太高级的程度。几乎在任何情况下，这门哲学都肯定是无害的、清白的，因而很奇怪，它会成为很多无根据的指责和辱骂的对象。不过，使这门哲学清白无害的那个情节，也许正是使它受到公众的憎恨和抱怨的主要原因。由于它不迎合任何不规则的感情，所以它几乎没有党羽。由于它反对任何恶行和蠢事，所以它招来了大量的敌人。这些敌人诬蔑它是放荡的、渎神的、反宗教的。

我们不必担心这门哲学在力图把我们的研究限制于日常生活的同时，会破坏日常生活的推理，会使它的怀疑达到既摧毁思辨，又摧毁一切人类活动的地步。自然将永远保持她的权利，最终将压倒任何抽象的推理。例如，虽然我们像在前一章那样得出结论说，在一切由经验而来的推理中，心灵采取了一个步骤，这个步骤得不到理智的任何论证或过程的支持，但是，这里并

① 指以柏拉图所建的“学园”为中心的温和怀疑主义。

不存在如下的危险：几乎一切知识都依赖的那些推理将受到这个发现的侵害。如果心灵不是受论证的驱使完成这个步骤，那它一定是在别的同样重要、同样有权威的原则的诱使下完成这个步骤的。只要人性保持不变，那个原则的影响就将保持下去。我们很值得费心研究那个原则是怎样的。假定有一个人，他有很强的理性官能和反省官能，他被突然带到这个世界上来，这时，他肯定会马上看到对象的不断接续，看到一个事件跟随另一个事件，但是，他不可能再有任何更多的发现了。他不能开始时依靠任何推理达到原因和结果的观念，因为使一切自然作用运行起来的那些特殊的能力并未呈现于他的感官。如果他仅仅因为一个事例中的一个事件出现在另一个事件之前，就因而作出结论说，前一个是原因，后一个是结果，那也是不合情理的。这两个事件的结合也许是任意的、偶然的。这里没有理由从一个事件的出现推断另一个事件的存在。总之，这样一个没有较多经验的人，不可能在任何实际事情上运用猜测和推理，不可能确信直接呈现于他的记忆和感官之外的任何事情。

我们再假定，这个人已经获得了较多的经验，已经在这个世界上生活了很长一段时间，他已经观察到相似的对象或事件恒常地结合在一起，那么，在此情况下，他的这个经验的后果是什么呢？他会马上从一个对象的出现推断另一个对象的存在。然而，他并未根据他的全部经验，得到有关使一个对象产生另一个对象的秘密能力的任何观念或知识；他也不是借任何推理过程得出那个推断的。可是，他仍然觉得自己被决定要作出这个推断。虽然他确信他的理智并未参与这个作用，但他仍然继续同样的思维过程。这里另有某个原则决定他形成这样的结论。

这个原则就是习惯（Custom，Habit）。每当对任何特殊活动或作用的反复，不用任何理智推理或过程的推动，就产生了重复同样活动或作用的倾向，我们就总是说，这种倾向是习惯的结果。我们用这个词，并不自命已经提供了这种倾向的最终理由。我们只是指出了人性的一个原则，这个原则被普遍承认，而且因其结果而被人熟知。虽然我们也许可以不再把我们的研究深入下去，或者，我们妄求为这个原因找出一个原因来，但是，我们必须满足于把它当作一切经验结论的我们可以指定的终极原则。我们能前进至此，是十分满意的，并不因为我们的官能不能带我们前进得更远而埋怨它们的狭窄。当我们断言，两个对象——例如，热和火焰，重量和固体性——恒常会合之后，我们就仅仅由习惯所决定，从一个对象的出现期待另一个对象的出现，那么，我们在此确实提出了一个即使不真实，但至少非常容易理解的命题。看上去，这个假设甚至是能够解释那个难题的唯一假设，即为什么我们从成千的事例中引出的推断，却不能从与那些事例完全相同的单个事例中引出来。理性是不会有任何这样的变化的。理性从考察一个圆所得出的结论，与它普查宇宙中一切圆所得出的结论是一样的。然而，没有任何人仅仅看到一个物体被另一个物体碰撞后发生运动，就能推断其他一切物体在受到同样的碰撞后都会运动。因此，从经验而来的一切推断都是习惯的结果，不是推理的结果。①

① 各类作家，即使是道德、政治或物理学方面的作家，他们最常做的事就是把理性和经验区分开来，并且设想这两种论证是完全不同的。前者被仅仅当作我们理智官能的结果，这些理智官能先天地考察事物的

性质，检查一定由事物的活动而来的那些结果，以此建立科学和哲学的特定原则。后者被认为完全是从感觉和观察来的，借助于感觉和观察，我们得知在特定对象的活动中实际产生了什么，并因而能够推断将来它们会产生什么。例如，对于国民政府所受的限制和约束，对于一个合法的政体，我们可以从理性和经验两方面为之辩护：在理性方面，由于反思了人性的严重脆弱和腐败，理性教导我们，不能放心地将无限制的权威交托给任何人；而在另一方面，经验和历史告诉了我们肆无忌惮地滥用权力的事情，告诉了我们，在一切年代和国家，野心都被发现是由非常轻率的信任造成的。

我们对生活行为的一切考虑中，也存在着理性和经验的同样区分。这时，有经验的政治家、将军、医生或商人，得到人们的信赖和听从，而未经锻炼的新手，不论他有何种天生的才能，也被人们忽略和轻视。虽然人们承认，理性可以对某个情况下的某个特殊行为的后果形成非常可能的猜测，但是，如果没有经验的帮助，它仍然被认为是不完善的，只有经验能给由研究和反省而来的公理提供可靠性和确实性。

虽然上述区分在人生的行动舞台和思辨舞台两方面都被普遍接受，但我将毫不犹豫地宣称，这个区分归根结底是错误的，至少是肤浅的。

在上述任何科学中都有一些论证，它们被认为仅仅是推理和反省的结果，如果我们考察这些论证，就会发现，它们最终以某个普遍的原则或结论为终点，我们不能把这个原则或结论归结为理性，而只能归结为观察和经验。对于通常被认为是纯粹经验的结果的公理而言，这些论证的唯一不同是，如果没有某个思想过程，没有对我们所观察的东西的反省，以便区分它的情节，追踪它的后果，这些论证就不可能建立起来。而在纯粹经验结果的公理方面，被经验的事件与我们作为任何特定情况的结果而推断的事件是确切而完全相似的。恺撒或尼禄的历史使我们担心，假如我们的君主不受法律和议院的约束，就会有同样的暴政出现。对私人生活中任何欺诈和残忍现象的观察，并稍加思考，就足以使我们作同验对我们有用，使我们期待将来有与过去出现的事件相似的一系列事件出现。如果没有习惯的影响，我们对超出直接记忆和感觉之外的一切事实就会毫无所知。我们就会不知道如何使我们的手段适合于我们的目的，不知道如何用我们天生的能力来造成任何结果。我们的主要思辨就会立刻停止，我们的一切活动也会立刻停止。

不过，在此我们可以恰当地说，虽然我们从经验得来的结论将我们带到我们的记忆和感觉之外，使我们确信在最遥远的地方和年代所发生的事情，但是，这之前必定总有某个事实呈现于我们的感觉或记忆，从这个事实出发，我们最初才能着手得出那些结论。假如一个人在荒野中发现了一座宏伟建筑，他

样的理解。这时，那个观察就成为人性普遍败坏的一个例证，它向我们指明由于完全信赖人类而必定会招致的危险。在两种情况下，经验最终成为我们的推断和结论的基础。

没有任何人会那样幼稚和缺乏经验，以至于不能通过观察对人事和生活行为形成许多普遍而正确的公理。但是，我们必须承认，当一个人着手把这些公理付诸实施时，他极容易犯错误，直到时间和进一步的经验将这些公理扩大了，并告诉他这些公理的恰当用法和运用为止。在各种情形或事件中，有许多特殊的、外表细微的情节，即使最有才能的人，在一开始也很容易把它们忽略了，尽管他的结论的正确性以及由此而来的行动的审慎，完全依赖于这些情节之上。更何况对于一位年轻的新手来说，普遍的观察和公理并不总在适当的时机出现，而他也不能立刻以应有的镇定和恰当的区分来运用它们。实际上，如果一位无经验的推理者绝对没有任何经验，那他根本就不能成为推理者。当我们说某个人没有经验，我们只是在比较的意义上说的，我们假定他具有比较少、比较不完全的经验。——原注

就会得出结论说，这片荒野在古代曾被文明的居民开发过，但是，如果他从未见过这类事情，他就不可能得出这样的推断。我们从历史中知道以前年代的事件，但我们这时必须仔细阅览述说这些事件的书卷，然后从一个证据推断另一个证据，一直到达那些遥远事件的目击者和旁观者那里。总之，如果我们开始时不依据呈现于记忆或感觉的某个事实，我们的推理就仅仅是假设。不论那些特殊的环节会如何互相连接，整个推论的链条不会得到任何东西的支持，我们也从不能根据它达到关于任何实在的存在的知识。如果我问，你为什么相信你所述说的任何特殊事情，你一定会告诉我某个理由，这个理由将是与这个事实相联系的另外某个事实。但是，因为你不可能照此无限进行下去，所以，你最终一定停在某个事实上，这个事实是呈现于你的记忆或感官的；否则，你就必须承认，你的信念是完全没有根据的。

那么，我们对整个问题的结论是什么呢？这个结论很简单，尽管必须承认，这个结论与通常的哲学理论有很大区别。一切有关实际的事情和实在的存在的信念，完全是从呈现于记忆或感官上的某个对象，以及这个对象和其他某个对象的习惯性会合中来的。或者换句话说，由于我们在许多情况下发现，任何两类对象——火焰和热、雪和冷——总是会合在一起的，所以，当火焰或雪重新呈现于感官，习惯就使心灵期待热和冷，并相信这样的性质确实存在，只要我们离火焰和雪近一些，这些性质就会显示出来。这个信念是把心灵放在那样情境下时的必然结果。这个信念是我们处于那种情形下时灵魂的活动，它是不可避免的，就像我们受到恩惠时感到爱的感情，受到伤害时感到恨的感情一样。所有这些活动都是一种自然本能，思想和理智的任何推理或过程都不能产生它或阻止它。

如果我们就此停止我们的哲学研究，那是可以允许的。在大多数问题上，我们不能再前进一步；在所有的问题上，我们经过非常不懈而好奇的研究，最后也必须到此为止。但是，如果我们的好奇心使我们继续深入研究，使我们更精确地考察那个信念的本性，考察信念所来自的习惯性会合的本性，那么，我们的好奇心将是可原谅的，也许是可称赞的。由于这样做，我们可以得到某些满意的解释和类比，至少会使那样一些人满意，他们热爱抽象科学，他们可以从不论如何精确，仍然有某种程度的疑虑和不确定的思辨中得到快乐。而对于与此兴趣不同的读者,本章的下一节不是为他们设计的,即使将那一节忽略,他们对后面的探讨也能很好地理解。

第二节

没有什么东西比人的想象更自由了，虽然它不能超出人的内部和外部感官所提供的原始的观念材料，但是，它在进行各种各样的虚构和幻想时，具有混合、组合、分割、划分这些观念的无限能力。它可以虚构一串事件，这些事件完全显得像实在的一样，它可以赋予这些事件特定的时间和地点，可以构想它们是存在的，可以把它们及其一切情节都向自己描述出来，而这些情节是属于它最确信的任何历史事实的。那么，这样的虚构和信念之间的区别在哪里呢？这个区别完全不在于任何特殊的观念，这个特殊的观念附着在那种得到我们同意的构想上，并且是一切已知的虚构所不具备的。因为心灵对它的一切观念有支配权，所以它可以把这个特殊的观念任意附加在任何虚构上，这样一来，它就能相信任何它所愿意相信的事情了，而这是与我们的日常经验相反的。虽然我们可以在构想中把人的头和马的身子结合在一起，但是，我们没有能力相信这样一个动物真的存在。

因此，我们可以得出，虚构和信念的区别在于某种知觉或感觉（sentiment or feeling），它是附着在信念上的，而不是附着在虚构上的，它不依赖于意志，也不能被任意支配。它必定是被自然刺激起来的，就像其他一切情感一样。它一定是由于心灵在任何特定时候所处的特定情境所产生的。每当有任何对象呈现于记忆或感官，心灵就立刻由于习惯的力量使想象去构想通常与这个对象结合在一起的那个对象。这个构想伴随有一种感受或情感，与散漫的幻想是不同的。信念的全部本性就在于此。因为没有什么事情是我们坚决相信，以至于不能构想其反面的，要不是由于某个情感把我们所同意的构想和我们所排斥的构想区分开来，这两种构想本来是没有区别的。当我看到在光滑的桌子上一个弹子球向另一个弹子球滚去，我可以很容易构想它一碰到那个弹子球就停下来。这个构想虽然并不蕴涵矛盾，但在感受上与我的另一种构想还是很不相同，那就是，我想象两个弹子球相撞，一个弹子球把运动传递给另一个。

如果我们打算给这个情感下一个定义，我们也许会发现，这是一件非常困难的工作，即使它不是不可能的。这就好像我们面对一个从来没有经验过任何冷的感觉或愤怒的感情的生物，努力为它而给这些感觉和情感下定义一样。信念是这个感觉的真正而恰当的名称。没有人会困惑不知这个词的意义，因为每个人每时每刻都意识到由它所表示的情感。不过，如果我们尝试描述这个情感，也并无不妥。我们希望能用这个办法作一些类推，这些类推可以提供对这个情感的比较完整的说明。那么，我要说，信念无非是对一个对象的构想，它比想象单独所能达到的构想更活泼、更生动、更强烈、更牢固、更稳定。这些不同的词似乎是很无哲学味的，我们用这些词只是要表示心灵的那种活动，它使实在的东西，或者使据认为是实在的东西，比虚构更多地呈现给我们，使它们在思想中有较大的分量，使它们对感情和想象有较大的影响。只要我们同意这一情况，就没有必要对那些词进行争论。想象可以支配它的一切观念，可以用各种可能的方式连接、混合和改变那些观念。它可以用各种方式将虚构的对象按照真实的色彩置于我们眼前，就好像它们真的存在一样。不过，因为这个想象官能不能自行达到信念，所以，信念显然不在于观念的特殊性质和秩序，而在于观念的构想方式，在于它们给心灵的感觉。我承认，要完全说明这个感觉或构想方式是不可能的。我们可以用一些词表达与它相近的东西，但是，如我们以前所看到的那样，它的真正而恰当的名称是信念，这是每个人在日常生活中充分理解的一个词。在哲学中，我们也只能宣称，信念是心灵所感到的某种东西，它将判断的观念与想象的虚构区分开来。它给判断的观念以较大的分量和影响，使它们显得比较重要，使它们在心中得到加强，使它们成为支配我们活动的原则。例如，我当下听到一个熟人的声音，这声音是从隔壁屋子里来的。我的感官的这个印象马上使我想到那个人，以及他周围的一切物体。我把这些物体就像当下存在着那样向自己描述出来，它们带着我以前知道它们具有的同样性质和关系。这些观念比一座魔幻城堡的观念更牢固地抓住我的心灵。它们感觉起来是非常不同的，不论是引起快乐还是痛苦，愉快还是悲伤，它们在各方面都有更大的影响。

那么，让我们把这个学说全部接受下来，并同意，信念情感只是一种构想，不过它比纯粹的想象虚构中的构想更强烈、更牢固，而且这个构想方式是从对象与呈现于记忆或感官的某个东西的习惯性会合中产生的。我相信，根据这些假设，我们将不难发现与此相似的其他心灵活动，并把这些现象追踪到一些更普遍的命题。

我们已经看到，自然已经在各个特殊观念中间建立了联系，而且，一旦我们想到一个观念，它就引出与它相关的观念，并借柔和而觉察不到的运动使我们注意这个相关的观念。我们将这些联系或联结的原则归为三种，即相似、接近和因果关系，它们是把我们的思想结合在一起的唯一纽带，并产生了一切人在不同程度上都会有的一串有规则的反省或谈话。现在，这里出现了一个问题，我们对当前难题的解决将依这个问题而定。这个问题是：当对象之一呈现于感官或记忆，使心灵不仅构想那个相关的对象，而且比其他情况下心灵所能达到的构想更牢固、更强烈，那么，在所有这三种关系中是否都有这种情形发生呢？由因果关系产生的信念似乎是这种情形。如果其他两种关系或联结原则的情形同样如此，那么，我们就可以把这个情形确立为心灵的一切活动中都发生的普遍规律。

于是，作为我们为达到当前目的的第一个实验，我们可以有如下观察：当一位不在场的朋友的画像出现在我们面前，我们关于他的观念就由于相似关系而明显活跃起来，而且该观念所引起的每一感情，不论是愉快的还是悲伤的，都获得了新的力量和活力。在造成这个结果的过程中，同时有一个关系和一个当下印象在起作用。如果那张画像不像他，或者至少画的不是他，那么，这张画像就不会使我们想到那个人。如果那个人和画像都不在场，虽然心灵可以由想到画像过渡到想到人，但是,心灵感到那个转移没有使它的观念活跃起来,而是被削弱了。当友人的画像放在我们面前，我们看到它时得到了快乐，可是，如果画像被拿走，当我们思考那个人时，我们宁可直接考虑那个人本人，而不会通过反省一个同样疏远而模糊的影像。

罗马天主教的仪式可以被看作是同样性质的例子。信奉那个迷信的信徒们因为那些可笑的仪式而受到谴责。于是，他们常常为之辩解说，他们感到那些外在的活动、姿势和动作有良好的效果，能使他们的虔诚强烈起来，使他们的热情振奋起来。而反之，如果他们的虔诚和热情完全指向遥远的、无形的对象，它们就会衰退。他们说，我们用可以感觉到的符号和影像来象征信仰的对象，由于这些符号当下的出现，而将那些信仰的对象呈现给我们，这种呈现要比我们仅仅通过理智的观察和冥想所能得到的呈现更亲切。可感的对象永远比任何其他对象更能影响想象，它们很容易把这个影响传递给与它们相关和相似的观念上。从以上那些实践和这个推理，我只会得出这样的推断：在使观念活跃方面，相似关系的效果是十分常见的，而且在任何情况下，一个相似关系和一个当下的印象必定同时起作用，因此，我们就有大量的实验来证明前述那个原则的实在性。

对于这些实验，我们可以用另外一些不同种类的实验来增加其力量，这是我们除考察相似关系的效果之外，在考察接近关系的效果时所做的。的确，距离可以减弱每个观念的力量，而且，一旦我们接近任何对象，虽然它未显露于我们的感官，但它对我们的心灵有与当下印象相仿的影响。当我们想到任何对象，很容易使我们的心灵转移到与这个对象接近的对象上去。但是，只有一个对象实际出现，才能以较大的活力使心灵转移。当我距家几里远时，任何与家有关的东西都会亲切地触动我，这是我距家六百里远时所比不了的，尽管在六百里之遥，当我想到与我的友人或家人相近的东西，也会自然而然地生起关于他们的观念。但是在后一情况下，因为心灵的两方面的对象都是观念，所以，尽管它们之间很容易有转移，但那个转移由于缺少某个当下的印象，它单独不能给这些观念中的任何一个以较大的活力。①

① “当一个人看到据传说过去年代的名人喜欢常去的地方以后，就会比听人说起他们的行为，或读到他们的作品，生起更强烈的情绪来。这是一种自然的本能，还只是一种幻觉，我不能说定。此时我自己的感受正是这样的。人们提醒我，他们所说的第一个哲学家柏拉图就在这里进行过各种讨论。的确，那边近处的那个花园不但使我想到他，而且仿佛把那个人实际带到了我的眼前。这是斯彪西波（Speusippus）、塞诺克洛特（Xenocrates）以及塞诺克洛特的门生波莱谟（Polemo）常到的地方。他们常常就坐在我们向那边望去所见的那个位置上。对我来说，甚至看到我们本国的那个元老院（我指的是 Hostilia 元老院，而不是现在的那个新建筑，自从那个元老院扩建后，在我看来显得更小了），也常常使我想起西皮奥（Scipio）、加图（Cato）、李利乌（Laelius），尤其是我的祖父。地点确实有这样大的暗示力。无怪乎科学的记忆训练法是建立在地点方位上的。”（西塞罗:《论主要的善和恶》，第五卷）——原注

没有人会怀疑因果关系与相似和接近这两种关系有同样的影响。迷信的人喜欢圣人的遗迹，是出于同样的理由：他们寻找一些象征或影像来焕发他们的虔诚，并且使他们对他们想要模仿的那些模范生活有一个比较亲切、比较强烈的构想。显然，一个信徒所能得到的圣人的最好遗物就是他的亲手制品。如果他的衣服和家具也被同样看待，那是因为这些东西曾被他使用过、触动过、喜爱过，在这方面，它们的效果被认为是不完全的，不过，与我们得知圣人的实际生活所依据的其他任何东西相比，这些东西与圣人的关系更接近。

假定一位朋友已经去世很久，或者离开很久，这时，他的儿子出现在我们面前。显然，这个对象马上会使与之相关的他的父亲的观念活跃起来，使我们回想起过去与那位友人的一切亲密交往，在其他情况下我们想起那些事情不会像这时那样生动。这个现象似乎又一次证明了上述原则。

我们可以看到，在这些现象中，对相关对象的信念永远是先决条件，没有这个信念，那个关系就不能有任何效果。画像之所以能发生影响，是以我们相信友人曾经存在为先决条件的。离家很近并不能激起我们对家的观念，除非我们相信这个家是实际存在的。于是，我断言，当一个信念超出于记忆或感官之外，这个信念就与这里所说的思想的转移和构想的活跃性有相似的性质，是由相似的原因产生的。当我们将一块干柴投进火里，我的心灵立刻就构想它助长了火焰，而不是将火焰熄灭。从原因到结果的这种思想转移不是从理性开始的。它完全起源于习惯和经验。因为它最初从呈现于感官的一个对象开始，所以它就使火焰的观念或对火焰的构想，要比任何松散虚浮的幻想更强烈、更生动。那个观念是立即就出现的，思想则马上趋向于那个观念，并把从呈现于感官的印象那里得来的全部构想力量都带到那个观念上去。当一把刀横在我的胸前，我会受到伤痛观念的触动，即使一杯酒呈现给我之后，我偶尔也会有伤痛的观念发生，但是，前者给我的触动不是比呈递给我一杯酒时更强烈吗？就引起这样一种强烈的构想而言，在这全部事情中，只有一个当下的对象，以及向着另外一个对象的观念的习惯性转移（我们已经习惯于将这另外一个对象与前一个对象结合在一起），除此以外，还有什么呢？在我们关于实际的事情和存在所作的一切结论中，心灵的全部活动就是如此。我们发现了能够说明心灵活动的某些类似情形，这是令人满意的。在各种情况下，由一个当下对象发生的转移确实给有关的观念带来了力量和牢固性。

在这里，自然的过程和我们的观念的接续之间有一种预定的和谐。虽然支配自然过程的那些能力和力量是我们完全不知道的，但我们发现，我们的思想和构想仍然与自然的其他作品按同样的顺序进行着。而使这种对应得以实现的那个原则就是习惯。在人类生活的一切情况和一切事件中，习惯的原则对于我们人类的生存，对于我们行动的规范，都是十分必要的。假如一个对象的出现不会立刻激起通常与这个对象结合在一起的那些对象的观念，那么，我们的全部知识必定局限于我们的记忆和感官的狭小范围内，我们就不能使我们的方法适合于达到我们的目的，也不能运用我们的天生能力去扬善避恶。那些喜欢发现和思考终极原因的人，在此就有了一个使他们惊异和赞赏的内容丰富的研究题目。

为了进一步确证前面的理论，我将补充说，我们从相似的原因推断相似的结果，从相似的结果推断相似的原因，这些推断所依赖的心灵活动对于全人类的生存是非常必要的，所以，我们不能将它托付给靠不住的理性推演；理性推演活动是缓慢的，在婴儿早期的几年根本不会出现，在人生的其他各个年龄和时期，即使在其最好情况下，也极易出错。对于这样一个重要的心灵活动，如果我们用某种本能或机械倾向来保证其可靠，那是比较符合通常的自然智慧的；这种本能或机械倾向在活动时可以是无误的，可以在生活和思想一开始时就表现出来，可以不依赖于一切费力的理智推演。自然告诉我们如何运用我们的肢体，却并未给我们有关驱动肢体的肌肉和神经的知识；同样，自然在我们身上植入了一种本能，使我们的思想的进行过程，与自然在外界对象中确定的过程相对应，尽管我们并不知道对象的这个规则的过程和接续所完全依赖的那些能力和力量。

第六章　论或然性 *

虽然世界上没有机会（Chance）那种东西，可是，我们对任何事情的真实原因的无知，却与机会一样，对理智有同样的影响，并产生了同样的信念或意见。

确实有一种或然性，它是从任一方的机会所占有的优势中产生的；随着这个优势的增加，压倒了相反的机会，这个或然性也按比例加大，并对我们发现有优势的那一方产生更高程度的信念或同意。如果一个骰子的四面上各有相同的点数，其余的两面上各有另一相同的点数，那么，前一种点数朝上的可能性要比后一种大。假如骰子有一千个面，除了一个面上的标志不同外，其他各面都一样，那么，相同标志朝上的或然性就更大，

---

* 洛克先生将一切论证分为演证的和或然的。在此观点下，我们应当说，一切人都必定会死，太阳明天将升起，只是或然的。但是，要使我们的语言更符合通常的用法，我们应当将论证分为演证（demonstrations）、证明（proofs）、或然性（probabilities）。证明指的是那种从经验而来、不容怀疑或反对的论证。——原注

我们对这件事的信念或期待就更稳定和可靠。思想或推理的这个过程似乎是平常而明显的，但是，对于比较仔细考察这个过程的人来说，它也许提供了奇思妙想的材料。

似乎很明显，当心灵期望发现掷骰子可能出现的情形时，它把骰子各面朝上的或然性看成是一样的。这正是机会的本性，机会使它所包含的各种特殊情形成为完全相等的。但是，由于心灵发现骰子的一种情形的面要比另一种情形的面多些，它就比较频繁地想到面较多的那个情形，而且在反复思考最终结果所依赖的各种可能性或机会时，它也更经常想到那个情形。由于多次看好一种特殊情形，于是在这些看法的共同作用下，借着一种不能解释的自然机制，立刻产生出信念的情感，并使那种情形优越于得到较少观点支持、不常被心灵想到的相反情形。如果我们同意，信念无非是对一个对象的构想，它比想象的纯粹虚构中所出现的构想更牢固、更强烈，那么，我们也许可以在某种程度上对这个活动作出说明。就是说，人们多次看到或瞥见那种特殊情形，在这些所看所见的共同作用下，将那个观念比较强烈地印在想象上，给了它较大的力量和活力，使它对感情的影响比较容易觉察，总之，产生了构成信念或意见的本性的那种可信性或可靠性。

原因的或然性与机会的或然性的情况是一样的。有些原因完全一致而永久地产生一个特定的结果，在它们的作用过程中，我们从未发现任何失败或不规则的事例。火总是能烧死人的，水总是能使人窒息的。冲撞和引力可以产生运动，这是迄今已被毫无例外承认的普遍法则。但是，还有另一些原因，我们发现它们是比较不规则、比较不确定的。对于服用大黄或鸦片的每一个人来说，大黄并不总证明是泻药，鸦片也不总证明是安眠药。诚然，当任何原因不能产生它通常的结果时，哲学家并不把这归结为自然的不规则，而是猜想在各部分的特殊结构中有某些秘密的原因阻碍了那个作用的发生。不过，我们关于这件事的推理或结论仍然是一样的，就好像这个原则并不存在。在我们的一切推断中，我们被习惯所决定，由过去转而推断将来，所以，当过去的事情是完全规则和一致的，我们就以最大的确信期待那件事情，而不容许任何相反的假设。但是，如果过去我们发现，从表面上精确相似的一些原因引出了一些不同的结果，那么，心灵在从过去向将来转移时，一定会想到所有这些各种各样的结果，而且当我们确定这件事情的或然性时，也一定会考虑所有这些结果。虽然我们偏向于最常见到的那个结果，相信这个结果将存在，但是，我们也不会忽略其他的结果，而会根据我们发现它们各自出现时的不同的频繁程度，按照正比赋予它们特定的分量和权威。在欧洲的几乎每一个国家，一月份出现霜冻要比整个一月份都天气温和有更大的或然性，尽管这个或然性依地带的不同而不同，在比较靠近北方的国家，这个或然性会接近于确实性。在此似乎很明显，当我们为了确定从任何原因将引出的结果，用过去转而推断将来时，我们把所有不同的情况都按照过去它们出现次数的同样比例进行转移，比方说，我们设想一种情形出现了一百次，另一种情形出现了十次，还有一种情形出现了一次。由于在这里大量所见的是某一种情形，这些所见就使这一情形在想象中得到加强和肯定，产生了我们称之为信念的情感，使得对信念的对象的偏好胜过对相反情形的偏好，因为相反情形得不到同样数量的经验的支持,在我们由过去转而推断将来时,也未像前者那样经常被想到。假如让任何人根据任何公认的哲学体系来尝试说明心灵的这个活动，他都会感到困难。就我而言，如果我现在作出的这些提示能激起哲学家们的好奇心，使他们觉察到，一切通常的理论在处理如此奇妙、如此卓越的题目时有多么大的缺陷，那我想也就足够了。

第七章　论必然联系的观念

第一节

与精神科学相比，数学有一个很大的优点，这个优点在于，数学的观念很容易被察觉，因此，它们永远是清楚的、确定的，它们之间最微小的差别也可以被我们立刻觉察到，而且，同样的词项总是表达同样的观念，没有任何歧义或变化。卵形不会被误当作圆形，双曲线不会被误当作椭圆形。等边三角形和不等边三角形依据比善和恶、正确和错误更精确的界线来区分。如果在几何学中对任何词下了定义，那么，不论在任何情况下，心灵都很容易自动用那个定义代替被定义的词。即使我们不采用任何定义，对象本身仍然可以呈现于感官，以此仍然可以被我们可靠而清楚地理解。可是，心灵中比较精细的情感，理智的各种活动，形形色色的感情冲动，虽然它们本身实际上是清晰的，但是当我们用反省来考察它们时，它们不容易被我们注意。每当我们需要思考原始的对象时，我们也没有能力把它回想起来。这样一来，我们的推理逐渐出现了歧义，相似的对象很容易被当成是同样的对象，而我们的结论最终远离了前提。

不过，一个人仍然可以有把握地断言，如果我们以恰当的观点考虑这些科学，它们的优点和不利几乎可以互相补偿，使它们处于平等的状态。虽然心灵比较容易把几何学中的观念保持得清楚、明确，但是，为了达到这门科学的比较深奥的真理，心灵就必须继续进行一系列更长、更复杂的推理，并对差异更大的观念进行比较。虽然对精神科学中的观念若不极端细心，很容易陷入含糊和混乱，但是，与研究数和量的科学相比，精神科学研究中的推断总要简短得多，达到结论之前的中间步骤也少得多。实际上，欧几里得几何的命题不论如何简单，它所包含的成分也要比我们在没有陷入幻想和空想的精神科学的推理中所发现的成分多。如果我们在探索人类心灵的原则时前进了几步，考虑到自然会很快阻止我们对原因的一切探讨，并使我们自认无知，那么，我们很可以对我们取得的进步感到满意。因此，在精神科学或形而上学方面，阻止我们进步的主要障碍是观念的含混和词语的歧义。数学方面的主要困难在于，要形成任何结论必须进行冗长的推理和广泛的思考。在自然哲学方面，我们的进步主要因缺少适当的实验和现象而受到阻碍，那些实验和现象往往是偶然发现的，在需要的时候，即使我们进行最刻苦、最谨慎的研究，也不是总能发现它们。迄今为止，精神哲学所取得的进步似乎比几何学或物理学所取得的进步小，所以我们可以得出结论，如果在这方面这些科学有什么不同的话，那就是，要克服阻碍前者进步的那些困难，我们需要较多的细心和较大的能力。

在形而上学中，没有什么观念比能力（power）、力量

（force）、能量（energy）、必然联系（necessary connexion）的观念更含糊、更不确定的了，在我们的一切探讨中，必须时时刻刻对这些观念进行研究。因此在本章中，如果可能的话，我们将努力确定这些词的确切意义，并以此清除这方面的某些含混。在这门哲学中，人们对这种含混已经抱怨很多了。

我们的一切观念无非是我们的印象的摹本，或换言之，如果我们先前没有借外部或内部的感官感觉到某个东西，我们也就不能思考这个东西。这似乎是一个不容多加争论的命题。我已经努力说明和证明了这个命题①，已经表明了我的希望：通过恰当地运用这个命题，人们可以在哲学推理中达到比迄今我们已能得到的更大的清晰性和精确性。复合的观念也许可以借定义被我们清楚地知道。定义不是别的，只是对构成复合观念的那些部分或简单观念进行列举。可是，当我们将这些定义推进到最简单的观念之后，仍然发现有某种不明或含混，那么，我们有什么办法呢？我们能借何种发明来明察这些观念，使它们在我们的理智看来是完全精确而确定的呢？ 我们所要做的就是把观念所摹拟的那些印象或原始的情感拿出来。这些印象都是强烈的、可觉察的。它们不容许任何含混。它们不但本身被充分显露出来，而且可以使与它们对应的、处于模糊之中的观念也明显起来。用这个办法，我们也许可以得到一个新的显微镜或一种新镜片，借助于它们，我们可以将精神科学中最细微、最简单的观念放大，使它们很容易被我们理解，使它们如同能够作为我们的研究对象的最庞大、最易觉察的观念一样，被我

① 见第二章。——原注

们所认识。

因此，为了充分了解能力或必然联系的观念，让我们考察一下它的印象；为了比较确实地发现那个印象，让我们在它可能出现的各种来源中寻找它。

当我们观察我们周围的外界对象，并且考察各种原因的作用时，我们不能在一个单一事例中发现任何能力或必然联系，也不能发现将结果与原因相结合，使前者成为后者的无误后果的任何性质。我们只是发现，事实上结果确实是跟随着原因的。一个弹子球的碰撞伴随着另一个弹子球的运动。这就是呈现给我们外部感官的全部情节。心灵从对象的这种接续中没有感到任何情感或内部的印象。因此，在任何单一的、特殊的因果事例中，没有任何东西能暗示出能力或必然联系的观念。

我们不能从一个对象的初次出现推测它将引出什么结果。假如心灵果真能发现任何原因的能力或能量，那么，我们即使没有任何经验，也应能预见结果，而且我们应能仅仅依靠思想和推理，在一开始就对结果作出确凿的断定。

实际上，物质的任何部分都未借其可感的性质显示出任何能力或能量，也没有给我们任何根据，使我们想象这个物质可以产生任何东西，或者想象它被我们可称之为其结果的另一个对象所跟随。固体性、广延、运动，这些性质本身都是完整的，它们从未指出可以由它们引起的其他任何事情。宇宙的景象是不断变化的，一个对象跟随另一个对象，连续没有间断。可是，推动整个机器运转的能力或力量却完全对我们隐藏着，从未在物体的任何可感的性质中显示出来。我们知道，实际上，热是恒常伴随着火的，但是，把它们联系起来的是什么呢，对此我们没有任何猜测或想象的余地。因此，在物体活动的单一事例中，我们不可能通过对物体的思考得到能力的观念，因为任何物体都不能显示可以作为那个观念之来源的任何能力。[①]

既然当外界对象呈现于感官时，它们并没有借它们在特殊事例中的作用给我们以能力或必然联系的观念，那么，让我们看一看，这个观念是不是从反省我们自己的心灵活动来的，是不是从对任何内部印象的摹本来的。人们可能会说，我们感到，我们单凭我们意志的命令，就可以移动我们身体的器官，指导我们心灵的官能，这时，我们每时每刻都意识到我们内部的能力。意志的活动造成了我们肢体的运动，或者在我们的想象中引出一个新的观念。意志的这个作用我们是通过意识知道的。于是，我们得到了能力的观念，并且确信，我们自己，以及其他一切有理智的生物，都具有能力。因此，能力的观念是反省的观念，因为它是从我们对自己心灵活动的反省中来的，是从我们反省意志对身体器官和心灵官能所行使的控制力来的。

我们将着手考察上述主张，首先，我们考虑意志对身体器官的影响。我们可以看到，这个影响是一个事实，如同其他一切自然事件一样，这个事实只能通过经验知道，而不能从原因中任何明显的能力来预见，以为这个能力把原因和结果联系起来，使得后者成为前者的确切后果。我们身体的运动遵循我们

① 洛克先生在他论能力的一章中说，因为我们从经验发现，在物质中有一些新的产物，并且得出在某处必定有能够产生它们的能力的结论，于是根据这个推理，我们最终得到了能力的观念。不过，如这位哲学家自己所承认的，任何推理都不能给我们提供一个新的、原始的、简单的观念。因此，这个推理也不能成为那个观念的来源。——原注

意志的命令，这是我们时时意识到的。可是，对于实现那种情况所用的方法，对于意志发挥如此非凡作用所依靠的能力，我们完全没有直接意识到，以至于我们所进行的非常勤奋的研究，肯定永远不能用于其上。

这里的理由是：第一，由于灵魂和肉体的联合，一个假设的精神实体对物质实体具有重大的影响，使得最细致的思想可以驱动最庞大的物质。在全部自然中还有什么原则比灵魂和肉体的联合更神秘吗？与此相比，即使我们真能借秘密的愿望来移动山脉，或者控制轨道上的行星，这个广大的力量也并不更奇特，也并不更难理解。可是，如果我们依靠意识在意志中察觉到任何能力，我们就一定知道这个能力，一定知道它与结果的联系，一定知道灵魂和肉体的秘密联合，一定知道这两个实体的性质，正由于它们的联合和那个性质，灵魂才能在许多情况下对肉体发生作用。

第二，我们并不能用同样的力量使身体的全部器官都运动，尽管除了经验之外，我们无法指出任何理由来说明为什么一个器官和另一个器官有如此明显的区别。为什么意志对舌头和手指能起作用，对心脏或肝脏不起作用呢？假如我们真的在前者意识到一种能力，在后者没有意识到能力，这个问题本来不会使我们烦恼。那时，我们就会不依靠经验而觉察到，为什么意志对身体器官的控制力量被限制在那样一个特定的范围内。在那个情形下，由于我们完全了解意志运作时所依靠的能力或力量，所以我们本来也可以知道，为什么意志的影响恰恰只达到那样的范围，而不会更远。

如果一个人的腿或胳膊突然麻痹了，或者他刚刚失去了那些肢体，那么，开始时，他往往努力活动那些肢体，要使它们发挥通常的功能。这时，他意识到支配那些肢体的能力，就如同一个健康人意识到驱动自然状态下的任何肢体的能力一样。但是，意识是不骗人的。所以，在两种情况下，我们都没有意识到任何能力。对于意志的影响，我们完全是从经验中知道的。而经验只告诉我们一个事件怎样恒常跟随另一个事件，并没有向我们指出将它们联结在一起，使它们不可分割的秘密联系。

第三，我们从解剖学得知，在随意动作中，能力的直接对象不是动作的肢体本身，而是某些肌肉、神经和元气，也可能是更精细、更不为我们所知的东西，通过这些东西，动作被连续传递，然后才达到肢体本身，意志的直接对象乃是这个肢体本身的动作。使上述整个活动运行的那个能力是极端神秘而不可理解的，因为它不能被我们的内部知觉（sentiment ）或意识直接、充分地认识到，这个证据不是再确凿不过了吗？这里，心灵意欲要做某件事情，可是，马上发生了另一件事情，这件事情是我们自己不知道的，与我们打算的事情完全不同。这件事情又产生了我们同样不知道的另一件事情。经过一长串这样的接续之后，我们所欲求的事情才终于发生了。假如我们感觉到那个原始的能力，我们一定会知道它；假如我们知道它，我们也一定知道它的结果，因为全部能力都与它的结果相关。反之也是一样，如果我们不知道那个结果，我们也就不能知道或者感到那个能力。如果我们没有推动我们肢体的能力，我们究竟能如何意识到这种能力呢？我们只意识到推动某些元气的能力，虽然这些元气最终产生了肢体的运动，但是它们的活动方式完全不被我们所理解。

因此，我们可以从整体上得出我希望是可信而非轻率的结论，那就是，当我们的身体做出动作，或者按照肢体的适当功用来使用它们时，我们并非对我们之内的能力有任何知觉或意识，然后从对这种感受或意识的摹本中得到能力的观念。肢体的动作服从意志的命令，这是日常经验的事情，与自然界其他的事情一样。但是，实现这件事情所依赖的能力，也同自然界其他事情中的能力一样，是我们所不知道的和无法构想的。[①]

我们凭着意志的活动或命令，唤起一个新的观念，让心灵专心思考它，从各方面研究它，而当我们认为已经对它作了十分精确的考察之后，我们又最终放弃它，去考虑别的观念。这时，

---

① 人们可能主张说，由于我们在物体中遇到抵抗，使我们不得不经常施加我们的力量，唤起我们的全部能力，这种情形使我们得到了力量和能力的观念。正是我们所意识到的这种奋力或强烈的努力，成为力量和能力观念所摹拟的原始印象。可是，首先，对于我们认为具有能力的许多对象，我们并不能假设它们有那种抵抗力或行使了力量。我们认为至上的存在者有能力，可是他从未遇到过任何抵抗；我们认为心灵在日常的思维和活动中具有支配它的观念和肢体的能力，可是这里的结果是直接跟随意志而来的，并没有行使或唤起任何力量；我们认为无生命的物质也有能力，可是它不可能有能力的知觉。其次，我们努力克服抵抗，但对这种努力的知觉与任何事情都没有可知的联系。随那种知觉而来的是什么，我们要根据经验来得知，而不能先验地知道。不过，我们必须承认，我们经验到身体的努力（*nisus*），虽然这种努力不能提供确切的能力观念，但是，它在我们形成的通俗的、不精确的能力观念中，却占有很大的分量。——原注

我们是否能断言，我们在自己的心中意识到一种能力呢？我相信，同样的论证将证明，即使是意志的这种命令，也不能给我们力量或能力的真实观念。

第一，人们一定会同意，如果我们知道了一个能力，我们就知道了原因中使原因能产生出结果的那个情节。因为能力和那个情节有同样的含义。因此，我们一定知道原因和结果以及它们之间的关系。但是，我们难道能妄称知道人类灵魂的本性和观念的本性，妄称知道前者产生后者的能力（aptitude）吗？这是一个真正的创造，是从无中生有。它意味着一个巨大的能力，以至于乍看上去，这个能力似乎是任何有限的生物所不及的。至少我们应当承认，心灵感觉不到，也不知道，甚至不能构想那样的能力。我们只是感到那样一件事情，即随着意志的一个命令，一个观念出现了。但是，对于这个作用进行的方式，对于使观念产生出来的那个能力，我们是完全不理解的。

第二，心灵对其自身的控制是有限的，正如它对身体的控制是有限的一样。对于这些限制，如同其他一切自然事件和外部对象的作用方面的情况一样，我们不是根据理性，不是根据对原因和结果的性质的任何了解而知道的，而完全是根据经验和观察知道的。我们对情感和感情的支配力要比对观念的支配力微弱得多。而即使对观念的支配力也是被限制在非常狭窄的范围内的。难道会有任何人妄求指出这些界限的最终理由，或者说明为什么在一种情况下能力是不足的，而在另一种情况下则相反吗？

第三，这种自我控制在不同的时候是十分不同的。一个身体健康的人比一个病弱的人有较大的自我控制力。我们在早晨比在晚上更能把握自己的思想，在禁食时比饱餐后更能把握自己的思想。对于这些差异，除了经验之外，我们难道还能给出别的任何理由吗？那么，我们自称意识到的那个能力又在哪里呢？不论在精神实体中，还是在物质实体中，或者在两者中，不是存在着结果所依赖的、各部分之间的某种秘密机制或结构吗？这些机制或结构是我们完全不知道的，因而使我们对意志的能力也同样不知道、不理解。

意志肯定是我们十分熟悉的一种心灵活动。我们反省它，从各方面考察它。你在意志中是否发现类似于那样一种创造能力的东西呢？那种创造能力可以使意志从虚无中产生一个新观念，可以使意志借一种法令来模仿使自然万象得以存在的那位造物主（如果允许我这样说的话）的无限威力。由于我们在意志中没有意识到这种能力，所以我们需要与我们所具有的同样确实的经验，才能使我们相信如此非凡的结果是从意志的一个简单活动中产生的。

大多数人从来没有觉得说明自然中比较常见、比较熟悉的活动——例如重物的下落，植物的生长，动物的繁殖，食物对身体的滋养——会有任何困难。他们认为，在所有那些情形中，他们恰恰知觉到了原因的力量，这些力量使原因和结果联结起来，使原因永远无误地具有那种作用。他们由于长期的习惯，获得了那样一种心灵倾向，每当这个原因出现，他们就立刻有把握地期待与它通常伴随的事情的出现，而不会设想它会引出其他的事情。只有当发现了一些反常的现象，例如地震、瘟疫、任何种类的奇事，他们才发觉自己茫然指不出恰当的原因，不能说明原因产生那个结果的方式。在此困难的情形下，人们一般诉诸某个看不见的、有理解力的原则[①]，把它当作令他们惊异的事件的原因，他们认为，这个原因是通常的自然力无法解释的。然而哲学家稍微作进一步的研究，他们马上觉察到，即使在最熟悉的事件中，原因的能力也和最反常事件中的能力一样不可理解，而且，我们只借经验知道对象的经常会合，并不能理解对象之间的联系那类事情。于是，许多哲学家认为，他们受理性的驱使，在任何时候都诉诸普通人只在看起来神秘而超自然的事情中才诉诸的同样原则。他们承认，心灵和理智不仅是一切事物的终极而原始的原因，而且是自然中出现的每个事件的直接而唯一的原因。他们声称，通常被冠以原因之名的那些对象，实际上只是偶因（occasions），而且，每一个结果的真正而直接的原则不是自然中的任何能力或力量，而是最高存在者的意志，这个最高存在者决心要使这样一些特定对象永远互相会合在一起。他们并不说一个弹子球用它从自然的创造者那里得来的力量推动另一个弹子球，他们说，正是这个神自己按照特定的意志来推动第二个球；神在管理宇宙时为自己制定了一些普遍的法则，由于这些法则，第二个球被第一个球碰撞而发生的那个运动是被确定了的。不过，哲学家们仍然继续进行研究，他们发现，正如我们完全不知道物体相互作用所依赖的能力，我们也不知道心灵对肉体的作用或者肉体对心灵的作用所依赖的能力；在两种情况下，我们都不能根据感官或意识来确定终极的原则。因此，这种相同的无知使他们得到相同的结论。他

---

① 即 *deus ex machina*，古希腊和古罗马戏剧中用来解围的神，借助舞台机关出场。

们断言，神是灵魂和肉体之间联合的直接原因，而且，并不是感官受到外界对象的扰动而在心中产生出感觉。他们宣称，正是由于我们的全能的造物主的特殊意志，才使那样一种感觉借感官中的那样一种运动而激发出来。同样，并不是我们意志中的任何能力产生了我们肢体的局部运动，而是上帝自己乐于支持我们那个实质上无能的意志，并指挥肢体的运动，而我们则错把这个运动归因于我们自己的能力和效能。哲学家们不以这个结论为止。他们有时将这个推论推广到心灵本身的内在作用上。我们的心象或对观念的构想不是别的，只是造物主向我们作出的启示。当我们自愿将思想转向任何对象，并在幻想中生起它的影像时，创造那个观念的并不是我们的意志。把那个观念显示给心灵，使它呈现给我们的正是宇宙的造物主。[①]

于是按照这些哲学家的观点，一切事情都充满了上帝。他们不满足于只有根据上帝意志的东西才存在，只有上帝准许的东西才有能力这样的原则，他们将自然以及一切被造物的各种能力都剥夺了，以便使它们更明显、更直接地依靠于神。他们没有考虑到，根据这个理论，他们并未增加他们非常乐于赞美的那些属性的庄严，反而贬损了它。这个理论确实证明，神把某种程度的能力交给低等的被造物，要比他按照自己的直接意志制造每件东西具有更大的能力。这个理论证明，伟大的造物主在一开始就根据非常完美的预见设计出世界的结构，使它可以自动地，并通过恰当的运行，服务于一切天意，比起他不得

① 这里所说的是笛卡尔和后期笛卡尔派哲学家的观点，尤其是马勒伯朗士。

不时时对世界的各个部分进行调整，用他的气息驱动那个巨大机器的全部机件，要更有智慧。

不过，如果我们要对这个理论作出比较有哲学意味的反驳，也许下面两点思考就足够了。

第一，这个关于最高存在者的普遍能力和作用的理论太大胆了，不会使人相信它，因为人已经被充分告知，人类的理性是脆弱的，它的一切活动都被限制在狭小的范围内。虽然引出这个理论的论证线索是很合逻辑的，但是，当这个论证线索导致了如此奇特、如此远离日常生活和经验的结论，那么，我们一定会生起强烈的、即使不是绝对确凿的猜想，我们会猜想，这个论证线索已经使我们完全超出了我们的官能的范围之外。在我们尚未到达我们的理论的最后几步之前，我们就早已进入仙境了，在那里我们没有任何理由信赖我们常用的论证方法，没有理由认为我们通常的类比和或然推断有任何权威。我们的测深索太短了，无法测量如此巨大的深渊。我们以为我们采取的每个步骤都是在一种似真性和经验的指导下，但是，不论我们如何这样认为，我们都可以肯定，当我们把这种幻想出的经验应用于完全在我们经验范围之外的题目时，这种经验是没有任何权威的。对此我们后面还有机会说到。[①]

第二，我看不出这个理论所依据的论证有任何力量。诚然，我们不知道物体相互作用的方式，我们完全不理解它们的力量或能力，但是，我们不是同样不知道一个心灵，哪怕是至上的心灵，用什么方式或力量对它自己或对身体发生作用的吗？我

① 第十二章。——原注

请问你，我们是从哪里获得能力的任何观念的呢？我们没有感到或意识到我们自身内的这种能力。我们除了从反省我们自己的官能所得知的东西外，我们并没有最高存在者的观念。假如我们的无知因此成为拒绝任何事情的良好理由，我们就会被引至那样一个原则，即否认最高存在者的一切能力，就如否认最粗笨的物质中的能力那样。我们确实不理解最粗笨物质的作用，我们同样不理解至上存在者的作用。构想运动由意志引起不是与构想运动由碰撞引起同样困难吗？我们所知道的一切，就是我们在这两种情况下的深深无知。①

---

① 我不需详细考察新近哲学（指牛顿派的学说）中大谈的、据认为是物质所具有的惰性力（*vis inerliae*）。我们由经验发现，一个静止或运动的物体，永远保持它当时的状态，除非某个新的原因使它的状态改变。而且，一个物体受到推动，它从推动它的物体那里得到的运动，与它本身获得的运动一样多。这些都是事实。当我们称此为惰性力时，我们只是表明这些事实，并不妄称具有这种惰性力的任何观念，正如我们在谈论引力时，我们指的是某些结果，并不了解那个主动的能力。艾萨克·牛顿爵士的意思不是要剥夺次等原因的一切力量或能力，尽管他的某些追随者竭力要把那个理论建立在他的权威之上。正相反，这位伟大的哲学家曾用以太的活动流体来说明他的万有引力，尽管他十分谨慎而谦虚地同意说，那仅仅是一个假设，如果没有更多的实验，就不再坚持。我必须承认，各种意见的结局都有一些奇特之处。笛卡尔暗示了有关神的普遍和唯一效能的学说，但他并不坚持这个学说。马勒伯朗士和其他笛卡尔主义者则把这个学说当作他们的全部哲学的基础。不过，这个学说在英国没有任何权威。洛克、克拉克、库德渥滋甚至从未注意到它，他们一直假定，物质具有实在的能力，尽管这个能力是从属的、派生的。这个学说在我们现代形而上学家中变得如此流行，它凭借的是什么方法呢？——原注

第二节

这个论证已经拖得太长了，让我们赶快作出一个结论：我们在一切所能设想的来源中寻找能力的观念或必然联系的观念，都是白费力气。看起来，在物体作用的单一事例中，我们即使作最仔细的检查，也只能发现一个事件跟随另一个事件，并不能了解使原因发生作用，或使原因与其所谓结果发生联系的任何力量或能力。同样的困难在我们思考心灵对身体的作用时也会出现——在那里，我们看到身体的活动跟随着心灵的意志，但是，我们却不能看到或构想将身体的活动同心灵的意志联结起来的纽带，不能看到或构想心灵产生其结果所凭借的能力。至于意志对它自己的官能和观念的控制力，我们也丝毫不能更容易地了解。于是，总的来说，在整个自然界，没有任何一个关于联系的事例是我们所能构想的。一切事情似乎都是完全松散而分开的。虽然一件事情跟随另一件事情，但我们观察不到它们之间的任何联系。它们似乎是会合在一起的，而不是联系在一起的。对于未出现于我们的外部感官或内部知觉的任何东西，我们不能有任何观念，所以，必然的结论似乎是：我们根本没有联系的观念或能力的观念，而且，不论将这些词用于哲学推理还是用于日常生活，它们绝对没有任何意义。

不过，这里还有一种避免这个结论的方法，而且，还有能力观念的另一个来源我们尚未考察过。当任何自然的对象或事件呈现出来，我们不能在没有任何经验的情况下，借任何机智或敏锐，去发现乃至猜测它将引起什么事件，或者使我们的预见超出直接呈现于我们的记忆和感官的那个对象之外。当我们在一个事例或一次经验中看到一个特定事件跟随另一个事件之后，我们没有权利形成一个普遍的规则，没有权利预言在相似情况下什么事情将发生。我们可以正当地认为，如果从单一的经验来判断整个自然的进程，不论这个经验有多么精确或确实，这样做都是不可原谅的鲁莽举动。可是，如果在一切例证中，特定的一类事件永远与另一类事件会合，我们在一类事件出现后就会毫不犹豫地预言另一类事件也会出现，并且毫不犹豫地运用那个唯一能使我们确信任何事实或存在的推理。于是，我们称一个对象为原因，称另一个对象为结果。我们假设在它们之间有某种联系，假设在原因中有某种能力，它使原因无误地产生出结果，使原因的作用具有最大的确实性和最牢固的必然性。

于是看来，各事件之中的这个必然联系的观念，是从这些事件恒常会合的许多相似例证中产生的；即使我们从各种可能的看法和观点对这些例证中的任何一个作全面考察，这个单一例证也不能将那个观念提示出来。可是，在这许多的例证中，并无与假定为精确相似的单一例证不同之处，但只有一点除外，即在相似对象的反复出现之后，心灵由习惯所带领，当一个事件出现，就期待通常与它相伴随的事件，并相信那个事件将出现。因此，我们在心中感到的这种联系，想象由一个对象到与它通常伴随的对象的这种习惯性转移，乃是知觉（sentiment）或印象，我们从这个知觉或印象形成了能力或必然联系的观念。在这件事中再没有进一层的东西。从各个方面考察这个题目，你都不会发现那个观念的任何其他来源。这就是一个例证和许多相似例证之间的唯一区别，从一个例证我们不能得到联系的观念，而许多相似的例证则提示出这个观念。当一个人初次看到由推动引起的运动传递，如两个弹子球的碰撞引起运动的传递，他并不能宣称一个事件与另一个事件联系着，而只能宣称一个事件与另一个事件相会合。当他多次看到此类例证之后，于是就宣称那两类事件是联系的。这里发生了什么变化产生出联系这个新观念的呢？没有别的，只是他现在感到这些事件在想象中联系起来，他可以很容易从一个事件的出现预言另一个事件的存在。因此，当我们说一个对象与另一个对象联系在一起的时候，我们的意思只是说，它们在我们的思想中得到联系，并产生了它们用来各自证明对方的存在的那个推断。这个结论有点不同寻常，但它似乎是建立在充分的证据上的。它的证据并不会由于人们对理智普遍缺乏信心而削弱，也不会因为人们对每一新的、不同寻常的结论抱以怀疑主义的猜疑而削弱。由发现人类理性和官能的弱点和狭隘局限而得出的结论，是最符合怀疑主义的。

有什么例证能比现在的例证更有力地表明人类理智的惊人愚昧和脆弱呢？如果对象中有任何我们完全知道对我们是重要的关系，那肯定是因果关系。我们关于事实或存在的一切推理都是建立在这个关系上的。仅仅凭借这个关系，我们才对没有记忆或感官的当下证据的对象抱以任何确信。各门科学的唯一直接的效用，就是教导我们如何根据将来事件的原因来控制和规范那些事件。因此，我们的思想探索每时每刻都用在这个关系上。然而，我们对这个关系所形成的观念是非常不完善的，如果我们不从原因之外，不从与原因无关的东西中引出对原因的定义，我们就不能对原因作出任何恰当的定义。相似的对象总是同相似的对象会合在一起的。我们有对此的经验。与这个经验相适应，因而我们可以把原因定义为：被另一个对象所跟随的一个对象，而且，凡是与第一个对象相似的一切对象都被与第二个对象相似的对象所跟随。或换句话说，凡是第一个对象未出现，第二个对象就不存在。一个原因的出现总是借习惯性转移，将心灵带到结果的观念上。我们也有对此的经验。与这个经验相适应，因而我们可以形成原因的另一个定义，把原因称之为：被另一个对象所跟随的一个对象，它的出现总是将思想带到那另一个对象上去。虽然这两个定义都是从原因之外的情节得来的，但是，我们无法弥补这一缺陷，无法达到任何比较完善的定义，以指出原因中使原因与其结果联系起来的那个情节。我们没有这种联系的任何观念，当我们努力构想这种联系时，我们甚至对我们想要知道的是什么也没有任何清楚的概念。例如，我们说，这个弦的振动是这个特殊声音的原因。但是，我们这个断定的意思是什么呢？我们的意思要么是：这个振动被这个声音所跟随，而且，所有类似的振动都被类似的声音所跟随。要么是：这个振动被这个声音所跟随，而且，前者一出现，心灵就在感官起作用之前，立刻形成了后者的观念。我们可以用这两种观点的任何一种来考虑原因和结果的关系，除此以外，我们没有任何因果关系的观念。①

① 根据这些解释和定义，能力的观念与原因的观念一样是相对的，两者都与结果有关，或者都与同原因或能力恒常会合的别的某个事件有关。一个对象有一未知的情节，它确定和决定了这个对象的结果的程度或数量，当我们考虑这个情节时，我们称它是这个对象的能力。与此相应，一切哲学家都同意，结果是能力的量度。但如果他们真对实际的能

于是，我们概括本章的推理如下：每个观念都是从先前的某个印象或知觉（sentiment）摹本来的；如果我们不能发现任何印象，我们就可以确定，没有任何相应的观念。在物体或心灵的活动的一切单一事例中，没有任何东西产生出能力或必然联系的任何印象，从而也不能提示出能力或必然联系的任何观念。但是，当有许多一律的事例出现，同样的对象总是被同样的事件所跟随，于是我们就开始接受原因和联系的概念。这时，我们感到一种新的知觉或印象，即一个对象和它的通常伴随对

力本身有任何观念，他们为什么不能对能力本身进行测量呢？人们争论，运动着的物体的力量是与它的速度相应呢，还是与它的速度的平方相应呢（这里指莱布尼茨同克拉克等牛顿主义者的争论）。我要说（假如他们真有任何能力的观念），这个争论就不需要通过比较这个力量在相等或不相等时间内的运动结果来决定，只要对这个力量进行直接测量和比较就可以决定了。

力量、能力、能量等词经常被使用，在哲学以及在日常谈论中到处都会出现，但这并不证明，我们在任何事例中都熟知原因和结果之间的联系原则，并不能证明我们能最终说明一件事对另一件事的产生作用。这些词在平常使用时被附加上很不严格的意义，它们的观念是非常不确定、非常含混的。任何动物在推动外界物体时，都会感到一种奋力或努力；一切动物在受到外界运动物体的打击时，都会有一种感受或感觉。这些感觉仅为动物所有，我们不能从这些感觉中先天地引出任何推断，但我们很容易将这些感觉转嫁到无生命的对象上，并假设，每当它们转移或接受运动时，它们也有这样一些感觉。至于它们所发挥的能力，我们若不把对于传递着的运动的任何观念附加在那些能力上，我们就只有考察这些事件在经验上的恒常会合；当我们感到这些观念之间的习惯性联系，我们就把那个感觉转移到那些对象上，因为把外界物体引起的每个内在感觉用于这些物体，是最平常不过的事情了。——原注

象在思想或想象中的习惯性联系；这个知觉是我们所寻找的那个观念的来源。既然这个观念是从许多相似的事例中产生出来的，而不是从任何单个事例中产生出来的，那么，它必定是从许多事例与每一单个事例不同的那个情节产生的。而它们之间唯一不同的情节就是想象的那种习惯性联系或转移。在其他一切情况下它们都是一样的。我们所看到的两个弹子球相撞引起运动传递（我们又回到这个明显的例证上来了）的第一个事例，与现在我们所能看到的任何事例都精确相似，只有一点除外，那就是，我们最初并不能从一个事件推断另一个事件；而当我们经历了很长一段一律的经验过程之后，我们现在可以作出那样的推断。我不知道读者是否容易理解这个推理。我担心，如果我再赘述这个推理，或者在更多种多样的观点下论述它，这个推理只会变得更模糊、更复杂。在关于某个题目的一切抽象推理中，有一个观点，如果我们能幸运地找到它，我们就将比世界上的一切雄辩和长篇大论更进一步阐明了那个题目。我们应当努力达到那个观点，而把华丽的修辞留给更适合于它们的题目。

第八章　论自由和必然

第一节

自从科学和哲学一出现，人们就以很大的热情对一些问题进行讨论和争论，我们可以合理地期望：在这些问题中，一切术语的意义至少应当是争论者们都同意的，在两千年的过程中，我们的研究应当已经能从对词语的研究进行到对争论中真正而实在的主题的研究。因为给推理中所用的术语以精确的定义，使这些定义而非那些词的纯粹声音，成为将来研究和考察的对象，看上去不是很容易吗？可是，如果我们比较细致地考察这件事，我们很容易得出完全相反的结论。人们长期进行一项争论，仍然得不到解决，仅从这一情况就可以推定，人们的表述存在某种歧义，争论者把不同的观念附加在争论所用的术语上。既然我们假设心灵的官能在每个人那里都是天生相似的，否则人们在一起推理和争论就会毫无结果。所以，如果人们将同样的观念附加在他们的术语上，那么，他们就不可能在那样长的时间里对同样的题目形成不同的意见；尤其当他们传达他们观点，各方从各个方面寻找能使他们战胜对方的论证时，就是如此。的确，如果人们试图讨论完全超出人类官能范围之外的问题，诸如有关世界的起源，理智系统或精神领域的结构等问题，那么，他们就会长时间在毫无结果的争论中白费力气，不会达到任何确定的结论。但是，如果那个问题是关于日常生活和经验的任何题目的，那么，人们就会认为，没有任何事情会那么长时间争论不决，除非是某些意义含混的表述，这些表述使对立者互相远隔，使他们的互相争论受到阻碍。

在人们长期争论的自由和必然问题上就是如此，而且达到了十分显著的程度。如果我没出大错的话，我们将发现，一切人类，不论是博学之士还是无知之人，在此题目上一直持有同样的观点，而且只要用几条明白的定义就可以马上把全部争论结束掉。我承认，人们对这个争论已经从各个方面进行了详细的讨论，已经使哲学家们陷入了如此晦涩诡辩的迷津，以至于一位聪明的读者如果恣求安逸而对这个问题的提出不予理睬，是没有什么可奇怪的，因为他从这个问题中既不能指望得到教益，也不能指望得到乐趣。不过，这里我所要提出的论证情形也许有助于重新唤起他的注意，因为它更新颖，至少保证给那个争论以某种决断，不会因任何复杂或晦涩的推理而严重打扰他的安逸。

因此，我希望表明，在必然和自由这两个学说上，根据能够加在这两个词上的任何合理的含义，所有人的意见都是一致的，而且，到目前为止的全部争论仅仅是词语上的。我们将首先考察必然学说。

人们普遍同意，物质在其全部活动中都是被必然的力量所驱动的，而且每一个自然的结果恰恰被它的原因的力量所决定，以至于在那个特定情况下，不可能有其他结果由那个原因产生出来。根据自然的法则，每个运动的程度和方向是被非常精确规定了的，以至于两个物体相撞，如果其运动的程度和方向不是实际所产生的那样，那就好像这两个物体相撞会产生出一个生物一样不可思议。因此，我们要形成一个恰当而精确的必然观念，我们必须考察我们将它用于物体的作用上时，它是从何处产生的。

似乎很明显，如果自然的一切景象是不断变化的，以至于没有任何两个对象彼此相像，每个对象都是全新的，与以前见过的任何东西都不相似，那么，在此情况下，我们丝毫不会得到这些对象中的必然观念或联系观念。依据这样一个设想，我们可以说，一个对象或事件跟随另一个对象或事件，而不能说，一个对象或事件是被另一个对象或事件产生的。因果关系必定是人类完全不知道的。从这时起，我们关于自然的作用的任何推断和推理就终止了，而记忆和感觉则保留下来，成为有关任何实际存在的知识能够进入心灵的唯一通道。因此，我们的必然观念和因果关系观念完全是从我们在自然的作用中所见到的一律性中产生的。在自然的作用中，相似的对象恒常会合在一起，心灵被习惯所决定，从一个对象的出现推断出另一个对象。这两个情节构成了我们认为物质所具有的那个必然性的全部。除了相似对象的恒常会合和随之而来的从一个对象到另一个对象的推断，我们没有任何必然概念或联系概念。

因此，如果看起来全人类都毫无疑问或毫不犹豫地同意，在人的自主行为和心灵活动中都有这两个情节出现，那么就一定会得出，全人类都同意这个关于必然性的学说，而且他们迄今为止所进行的争论，完全是因为互相不了解。

至于第一个情节，即相似事件的恒常、规则的会合，我们可以作以下思考以使自己满意。人们普遍承认，在一切国家和一切年代，人们的行为有很大的一律性，而且人性的原则和作用仍保持相同。同样的动机永远产生同样的行为。同样的事件永远来自于同样的原因。野心、贪婪、自爱、虚荣、友谊、慷慨、公益精神，这些情感以不同的程度混合在一起，遍布于社会中，它们从世界初开之时就是，现在仍然是人类中所见到的一切行动和事业的源泉。你想要知道希腊人和罗马人的情感、倾向和生活历程吗？你好好研究法国人和英国人的脾性和行为吧。如果你把从后者中观察到的大部分情况转移到前者上去，你是不会出大错的。一切时代和一切地方的人都很相同，历史在这一点上没有告诉我们任何新的或陌生的东西。历史的主要用处只是发现人性中永恒而普遍的原则，为做到这一点，它要把各种各样环境和情况下的人表现出来，并给我们提供那样一些材料，从这些材料中，我们可以形成我们的观察，并对人的活动和行为的有规则的动机变得熟悉起来。对于战争、诡计、派争、革命的那些记载，是非常丰富的经验收集，凭借它们，政治家或道德哲学家确定了他的科学的原则，这就如同医学家或自然哲学家通过对植物、矿物和其他外界对象所作的实验，熟知它们的性质一样。亚里士多德和希波克拉底（Hippocrates）所考察的土、水和其他元素与我们现在所观察到的东西是相像的，波利比奥斯（Polybius）和塔西陀（Tacitus）所描述的人与现在统治世界的那些人也同样是相像的。[1]

如果一位旅行者从一个遥远的国度归来，向我们讲到那里的人，说他们与我们所曾熟悉的人完全不同，他们完全抛弃了贪婪、野心或报复，他们除了友谊、慷慨和公益精神，不知道任何快乐，那么，我们根据他所说的这些情形，立刻就察觉其虚假，并肯定地证明他是个说谎者，就好像他大肆述说半人半马的怪物、龙、神迹、奇闻等方面的故事，我们肯定地证明他是个说谎者那样。如果我们要戳穿历史中的任何伪说，我们所能利用的最可信的论据就是证明那里所说的任何人的行为与自然的途径是直接相反的，而且，在那样的环境下，没有任何人类动机能使他做出那样的行为。当昆图斯·库尔迪乌斯（Quintus Curtius）[2] 描述亚历山大[3] 孤身冲击众敌所凭借的超自然的勇气时，其描述的真实性是可怀疑的，就像他描述亚历山大能抗击众敌所凭借的超自然的力量和敏捷是可怀疑的一样。我们非常容易而普遍地承认身体活动方面的一律性，也同样非常容易而普遍地承认人类的动机和行为方面的一律性。

为了向我们指示出人性的原则，为了既规范我们的思辨，也规范我们将来的行为，我们在长期生活和各种事务、交际中获得的经验，也有同样的益处。借助这种指导，我们从人的行为、

---

① 希波克拉底（前 460—前 370），古希腊著名医师。波利比奥斯（前 203—前 120），古希腊历史学家。塔西陀（约 56—120），罗马帝国时期著名的历史学家。

② 昆图斯 · 库尔迪乌斯（公元 1 世纪），古罗马历史学家。

③ 指古马其顿国王亚历山大大帝，他的军队占领了希腊和近中东的许多地方。

表情，乃至姿势，上升到有关人的倾向和动机的知识，又从我们关于人的动机和倾向的知识出发，转而说明人的行为。经过一段经验过程，这些普遍的观察被保存起来，给我们提供了人性的线索，教我们解开人性的一切复杂情节。各种借口和各种现象都不再能欺骗我们。那些公开的宣言被认为是对于某项事业的华而不实的修饰。虽然人们承认德性和荣誉有其固有的影响和权威，但是，人们经常自称的完全无私，从未指望会在群众和党派中存在，在他们的领袖中也几乎没有，甚至在任何身份或地位的个人中也难以见到。但是，要是在人类活动中果真没有一律性，要是我们所能形成的所有这类经验果真都是不规则的、异常的，那么，我们就不可能收集到有关人类的任何普遍观察，我们的经验不论如何被反省所精确领悟，也不能用于达到任何目的。一位老农在农活方面比一位年轻的新手更精通，如果不是因为在供给作物生长的阳光、雨水、土地方面有某种一律性，而且经验教给年长的实践者控制和指导那种作用的规则，那还会因为什么呢？

不过，我们不应指望人类活动的这种一律性会达到那样一种程度，以至于所有的人在同样情况下将永远精确地按照同样的方式行动，不允许在性格、偏见、意见上有任何变化。这种处处皆然的一律性我们在自然的任何部分都未发现。正相反，由于我们观察到不同人的行为的多样性，这就使我们能够形成比较多样的准则，这些准则仍然假定了某种程度的一律性和规则性。

人们的生活方式在不同的时代和不同的国家是不同的吗？我们由这个问题知道了习惯和教育的巨大力量，它们从婴儿时起就塑造了人类的心灵，使心灵形成了牢固而确定的品格。男女两性的行为和行动很不相同吗？我们由这个问题了解到两性的不同特点，这些特点是由自然印在两性之上，并把它们永久而一致地保存下来的。从婴儿到老年的人生各个不同时期中，同一个人的行为有很大变化吗？这个问题为我们提供了余地，使我们能够对我们的情感和倾向的逐渐变化，对于在人类的不同年龄所通行的不同准则，进行大量普遍的观察。即使性格是每个人特有的，它们的影响也有一律性，否则，我们虽然熟知这些人，并且观察到他们的行为，但我们不会由此得知他们的性情，不会以此指导我们对他们的行为。

我承认，我们有可能发现某些行为，它们似乎与任何已知的动机没有规则的联系，它们是一些例外，不包括在为了支配人而早已确立的一切行动标准之内。但是，如果我们愿意知道对于这样不规则、这样奇特的行为会形成什么样的判断，那么，我们可以考察一下我们对自然的进程中出现的那些不规则事件和外界对象的作用通常所具有的知觉。并非所有的原因都与它们的通常结果同样一律地联结在一起。一位工匠处理的只是无生命的物质，他也可能达不到自己的目的，就像一位政治家在指导聪明理智的行为者的行动时也可能达不到目的一样。

普通人根据事物初次出现的样子看待事物，他们把事情的不确定归咎于原因的不确定，虽然原因的活动并未受到阻碍，但这种不确定使原因往往不能发挥通常的影响。然而，哲学家们看到，在自然的几乎各个部分中，包含着广泛多样的动机和原则，它们由于其细微或遥远而隐藏着，于是他们发现，相反的事件不是出自原因中的偶然性，而是出自相反原因的秘密作用，这种情况至少是可能的。当他们借精确的考察注意到，结果的相反总是揭示出原因的相反，结果的相反总是由原因的互相对立而来的，于是，上述那种可能性就借进一步的观察而转变为确实性。一个农人看到一只钟或一块表停了下来，他给不出更好的理由，只能说它平时行走不正常。可是，一位工匠则很容易看出，钟表中弹簧或摆的同样力量对轮子的影响也总是同样的，而现在它不能产生通常的结果，很可能是因为一粒沙尘使机件的整个运转停止了。由于观察到若干相似的事例，哲学家就形成了一个准则：一切原因和结果之间的联系都是同样必然的，它在某些情况下似乎是不确定的，这种不确定来自于相反原因的秘密反对。

例如，当人体的健康或疾病的症状不符合我们的预期，当药物没有发挥通常的效力，当由任何特殊的原因引出了不规则的情况，这时，哲学家和医生对此事不会惊异，也不会诱使他们一概否认使肉体组织运行所依据的那些原理的必然性和一律性。他们知道：人体是一个巨大的复杂的机器，在它之内潜伏着许多我们完全不理解的秘密能力；对我们来说，人体的活动一定经常显得很不确定；因此，人体外部表现出来的不规则情况不能成为证据，以证明在人体内部的运作和管理中，自然的法则没有得到最规则的遵守。

如果一位哲学家是始终如一的话，他就一定会将同样的推理用于有理智的行为者的行为和意志上。有些人常常可以对人们最不规则、最意外的决定作出解释，因为他们知道那些人的性格和处境的每一个特殊情节。如果一个性情谦恭的人给你一个怒气冲冲的回答，那只是因为他患牙疼，或者因为他没吃饭。

如果一个冷漠的人的行动表现出罕见的轻快，那只是因为他遇见了意外的好运。即使如有时发生的那种情况，一个人的行为既不能由其本人，也不能由其他人详细解释，我们也一般地知道，人的性格在某种程度上是不一致、不规则的。这或多或少是人性的永恒特征，尽管它更特定地适用于那样一些人，他们的行为没有固定的规则，一贯反复无常地行事。虽然内部的原则和动机似乎是不规则的，但是它们可以按照一律的方式起作用，正如风、雨、云以及其他的天气变化，被认为是受稳定的原则控制的一样，尽管人的聪明和钻研不容易将这些原则发现出来。

这样看来，不仅动机和自主行为之间的会合与自然任何部分中原因和结果之间的会合一样是规则的、一律的，而且这种规则的会合已经被人类所普遍承认，在哲学中和日常生活中从未成为争论的题目。那么，由于我们从过去的经验引出关于将来的一切推断，由于我们断定我们发现以往一直联结在一起的对象将来也将永远联结在一起，所以，我们要证明我们所经验到的人类活动的这种一律性是我们对这些活动的推断的来源，似乎是多余的。但是，为了从比较多样的观点考察这个论证，我们还是坚持讨论这后一个题目，尽管这个讨论将是简要的。

在一切社会中，人们之间的互相依赖是很大的，以至于任何人类活动都不是完全独自完成的，或者说，任何人类活动在进行时都与他人的活动有某种关系，要使它充分符合行事者的意向，他人的活动是必不可少的。即使是一位最穷的匠人，独自一人劳动，他也至少期望长官的保护，以确保他能享有他的劳动成果。他也期望在把他的货物运到市场上，以合理的价格出售时，他能找到买主，并能用赚得的钱与他人作交易，为自己提供那些生活必需品。随着人们的交易的扩大，以及与他人的交往愈加复杂，人们总是把他人更加多种多样的有意活动纳入他们的生活计划中，他们从恰当的动机出发，期望那些活动与他们自己的活动相配合。在所有这些结论中，他们是从过去的经验得到他们的衡量尺度的，正如他们对外界对象的推理一样。他们坚信，不但一切元素与他们发现它们时同样运行着，而且人也是如此。一位制造家进行任何一件工作，既要对他所用的工具作估算，也要对他的佣工的劳动作估算，如果后者不符合他的预期，他同样会惊异。简言之，对于他人的行为的这种经验推断和推理成为人类生活的很大部分，人只要醒着，就总会时时用到它。因此，根据前述对必然的界定和解释，难道我们没有理由断言，在必然学说上全人类总是一致的吗？

在这一点上，哲学家与普通人并无不同意见。因为且不说他们生活中的几乎每一个活动都以那个意见为条件，而且，即使在学问的思辨方面，这个意见也几乎是必不可少的。如果我们不根据我们关于人类所具有的经验来信赖历史学家所说之真实，那么，历史会变成什么样子呢？如果法律和政体对社会没有一律的影响，那么，政治学如何能成为一门科学呢？如果特定的性格不具有产生特定情感的确定或决定性的力量，这些情感对行为没有恒常的影响，那么，道德的基础又在哪里呢？对于诗人或文学家的作品中的角色，如果我们不能断言他们的行为和情感是否合乎于那样的人物、那样的环境，那么，我们能以什么借口来批评诗人或文学家呢？因此，如果我们不承认必然学说，不承认从动机到自主活动、从性格到行为的那种推断，我们就几乎无法从事任何种类的科学或活动。

的确，当我们考虑到自然的证据和精神的（moral）证据是如何恰当地联系在一起，并形成了论证的唯一线索的时候，我们将毫不犹豫地承认，它们具有同样的性质，是从同样的原则来的。当一个无钱无势的囚犯想到围困他的高墙坚栅，又想到看守的顽固，他就发现逃跑是不可能的。在为得到自由而做的一切尝试中，他宁愿在墙栅的砖石铁杆上下功夫，也不愿在看守无法改变的顽固性上下功夫。当这同一个囚犯被带到断头台时，他从卫兵的坚定和忠诚中确凿预见到自己的死亡，正如他从断头台的刀斧和机关的动作确凿预见到自己的死亡一样。他的心灵沿着一串观念想象下去：他想到士兵不允许他逃跑，想到刽子手的动作，想到他的身首分离，想到流血、痉挛和死亡。在这里，自然的原因和自主的动作有一个联系的链条，而心灵从一个环节过渡到另一个环节时，并未感到它们之间有什么差别。我们确信这种将来事件，与此相比，如果将来事件是通过一串原因与呈现于记忆或感觉的对象联系着的，是被我们愿意称作物理的必然性的东西粘合在一起的，我们对将来事件的确信并无不同。我们所经验到的同样结合对心灵有同样的影响，不论被结合在一起的对象是动机、意志、行为，还是形象和运动。我们可以改变事物的名称，但是，它们的性质，它们对理智的作用，绝不会改变。

假如有一个人，我知道他是正直而富有的，我与他亲密友好地相处，当他要进入我的家，而这时我周围有仆人围绕着，那么，我尽可以相信，他不会为了抢劫我的银墨水缸在离开我家之前刺杀我。我不会猜想这件事，正如我不会猜想这幢崭新的、地基和建造都很牢固的房屋本身会倒塌。但是，在前者的情况下，他可能突然害上不知名的疯狂症，在后者的情况下，也可能会突发地震，使我的房屋剧烈摇动而完全倒塌。因此，我将改变我的猜想，我会说，我确实知道他不会把手放到火里不收回来而将手烧毁。对这件事，我认为我可以有把握地预言，正如我可以同样有把握地预言，如果他从窗子跳出去，没有遇到任何阻碍，他是不会在空中有片刻悬停的。对于前一件事，不论我们猜想出任何一种未知的疯狂症，都丝毫不会使它成为可能，那件事是与一切已知的人性原则相反的。一个人在中午把装满金币的钱包遗落在查林十字路口（Charing Cross）[①] 的人行道上，他既可以期待一小时后原封不动地找到它，也可以期待它像羽毛一样地飞走。大部分人类推理都包含相似的推断，这些推断与我们对这种特定情况下人类通常活动的经验相应，伴有或多或少不同程度的确实性。

虽然全人类都毫不犹豫地承认关于他们的全部实践和推理的必然学说，但他们仍显出不愿意在口头上承认它，甚至在各个时代都表现出承认相反意见的倾向。我反复考虑过出现这种情况的最可能的理由。我认为，这个问题可以按如下方式来解释。如果我们考察物体的作用，考察结果如何从原因产生出来，我们将发现，我们除了仅仅看到特定的对象恒常联结在一起，心灵由于习惯性转移而从一个现象的出现达到对另一个对象的信念之外，我们的一切官能都不能使我们对这种关系的认识更进一步。虽然关于人类无知这个结论是对这个题目进行严格考察

① 地名，在伦敦市区。

的结果，但是人们仍然有一种强烈的信念倾向，相信他们深入洞察到自然的能力，察觉到类似因果必然联系那样的东西。当他们又转而反思自己心灵的活动，而且没有感到动机和行为之间的这种联系时，他们就很容易猜想，由物质力量引起的结果与由思想和理智引起的结果是不同的。而一旦我们确信，我们并不知道任何种类的因果关系，我们只知道对象的恒常会合以及随后心灵从一个对象到另一个对象的推断，并且发现人们普遍同意这两个情节存在于自主的行为中，那就比较容易使我们承认，这些行为中也有一切原因所共有的这种同样的必然性。这个推理可能与许多哲学家把必然归于意志的决定作用的那些体系相矛盾，但是，我们通过反省将发现，他们不同意这个推理只是在口头上的，而非他们的真实意见。根据这里所理解的意思，任何哲学家都没有否认必然，我认为，他们也不可能否认必然。他们也许只是主张，心灵可以在物质的作用中觉察到某种进一层的因果联系，这种联系并未发生在有理智的生物的自主活动中。至于他们的主张是否如此，只有经考察后才能知道，而这些哲学家有责任证明他们的断言，他们可以通过给必然下定义，或对它加以描述，并向我们指出物质原因的作用中的必然，来做到那一点。

实际上，人们在研究自由和必然问题时，似乎是从错误的一端开始的：人们首先考察的是灵魂的官能、理智的影响和意志的作用。现在，我们假定他们首先讨论一个比较简单的问题，即物体的作用和非生物的、无理智的物质的作用问题，并且看一看，除了对象的恒常会合的观念和随后心灵从一个观念到另一个观念的推断之外，他们是否能形成对于因果关系和必然性的任何观念。如果那两个情节实际构成了我们在物质中所构想的必然性的全部，如果人们还普遍承认那两个情节发生在心灵的作用中，那么，这里的争论就结束了，至少我们应该承认，此后的争论只是词句上的。但是，只要我们轻率地假设，我们对外界对象的作用中的必然性和因果关系有进一层的观念，同时又假设我们在心灵的自主活动中不能再发现进一层的东西，那么，既然我们的讨论是依据一个如此错误的假设来进行的，我们就无法使这个问题达到任何确切的结果。使我们不受蒙骗的唯一办法，就是上到一个更高的层次，考察应用于物质原因上的那门科学的狭窄范围，并使我们确信，我们对这些原因所知道的一切,就是上述的那种恒常会合和推断。我们也许会发现，要劝说我们为人类理智确定这样一个狭窄的界限是困难的，可是，我们后来可以发现，当我们开始把这个学说用于意志的活动时,却没有什么困难。因为很明显,意志的活动与动机、环境、性格是有规则地会合的，我们总是从一个推断出另一个，所以，我们必得在口头上承认我们在对自己生活的每一思考中，在我们的每一步行动和行为中，早已承认了的那个必然。①

---

① 自由学说的流行还可以从另一个原因来解释，即在我们的许多行为中，我们或者随意地，或者可能地，对自由具有一种虚假的感觉或似是而非的经验。任何行为的必然，不论是物质的必然还是心灵的必然，恰当地说，并不是行为者的一种性质，而是能考察这个行为的任何有思想或有理智的存在者的一种性质。它主要在于他的思想从先前的某些对象推断出那个行为的存在的那种决定性。而与必然相对立的自由不是别的，只是那种决定性的缺无，是我们从一个对象的观念过渡到或不过渡到任何接续对象的观念时，我们所感觉到的某种无拘束或随意性。于是

自由和必然的问题是形而上学这门最富争议的学科中最富争议的问题。为了在这个问题上实行上述的调和计划，我们不需要许多话就可以证明，不但在必然学说上，而且在自由学说上，全人类的意见都是一致的，而且迄今为止在这方面的全部争论，都不过是词句之争。当我们将自由一词用于自主行为上时，它的意思是什么呢？我们的意思肯定不是说，那些行为与动机、倾向、环境没有联系，以至于一个不能以某种程度的一律性从另一个引生出来；我们肯定不是说，我们不能根据一个

我们可以看到，虽然在反省人类的行为时，我们感觉不到这种无拘束或随意性，通常只能从那些行为的动机，从行为者的性情中，相当确实地将它们推断出来。然而，当我们在从事那些行为本身时，我们常常感觉到类似那样的东西。而且，一切相似的对象都容易被互相错认，所以，人们也把这种情形作为人类自由的演证的证据，甚至作为直觉的证据。我们感到，我们的行为在大多数情况下服从于我们的意志，并且想象我们可以感到，意志本身不服从于任何东西，因为若有人否认这一点而促使我们尝试一下的话，我们会感到，意志可以很容易地做各种活动，可以在它以往不曾决定的方面造出自身的意象（image，也就是大学中所说的 Velleity，即不伴有行为和努力的单纯意愿）。我们相信，这个意象或模糊的动向本来在那时就可以将那个未曾决定方面的事情本身实现出来。因为如果你否认这一点，那么，我们可以再试一次，并且发现，那件事现在就可以实现出来。我们并不认为这里为表明意志的自由而生出的古怪的欲望是我们的行为的动机。似乎确实的是，不论我们能如何想象我们在自身内感到了一种自由，但一个旁观者通常只能从我们的动机和性格推断我们的行为。即使他不能做到这一点，他一般也会断言，假如他完全了解了我们的处境和性情的每一个情节，完全了解了我们的脾性和气质的最秘密的源泉，他就可以推断出我们的行为。而根据前述的学说，这正是必然的本质。——原注

来进行推断，断定另一个的存在。因为这些都是明白而公认的事实。因此，我们用自由一词只能是指根据意志的决定而行动或不行动的一种能力。就是说，如果我们选择静止不动，我们可以做到,如果我们选择活动,我们也可以做到。人们普遍同意，这种假设的自由是属于每一个人的，只要他不是囚犯，只要他不是镣铐加身。所以，这里没有要争论的问题。

不论我们能给自由下什么样的定义，我们都应小心注意两个必不可少的情节：第一，它必须与明显的事实相一致；第二，它必须与自身相一致。我们如果注意了这两个情节，使我们的定义可以理解，那么，我相信，我们将发现全人类对此有同一个意见。

人们普遍承认，任何东西的存在一定有其存在的原因，而且如果严格考查，机会只是一个否定词，它不是指自然界中任何地方存在着的任何真实能力。不过，有人声称，有些原因是必然的，有些原因不是必然的。这里我们用定义来说明是有益的。假定有人给原因下一个定义，未把原因与其结果的必然联系包含在定义之内，假定他又清楚地说明了用这个定义所表达的那个观念的起源,那么,我很乐意放弃这里的全部争论。但是，如果前面我们对这个问题的解释被接受，那么，这个人的做法是绝对行不通的。假如对象之间没有互相有规则的会合，我们就不会有原因和结果的任何概念；这种有规则的会合造成了理智的那种推断，它是我们所能理解的唯一的联系。不论谁想给原因下一个定义，如果他将这些情节排除在外，那么，他就不得不使用一些不可理解的词，要不然就使用与他力图要定义的词有同样意义的词。[①] 如果上述定义被承认，那么，若自由是与必然相对立，而非与约束相对立，自由和机会就是同样之事，而人们普遍承认，机会是不存在的。

第二节

在哲学争论中，借口一个假设对宗教和道德有危险的后果，而竭力反驳这个假设，是最平常然而也是最应受到谴责的推理方法。如果任何观点导致了荒谬，这个观点肯定是虚妄的；但是，一个观点并不因为它有危险的后果而肯定是虚妄的。因此，为说服人而采取那样的办法应当被完全禁止，因为它无助于发现真理，只能使一位反对者的人格变得可憎。这是我就一般而言的，我并不妄求从中得到任何好处。我真诚地接受这方面的检查，并且我敢断言，上述的必然学说和自由学说，不仅与道德一致，而且对于道德的维持是绝对必要的。

必然构成了原因定义中必不可少的部分，我们可以与原因的两个定义一致，从两个方面给必然下定义。必然要么在于相

① 例如，如果将原因定义为产生任何东西的东西，那么，我们很容易看到，这里的产生与引起是同义的。同样，如果将原因定义为凭借它而使任何东西得以存在的东西，那这个定义很容易受到同样的反驳。凭借它这几个字是什么意思呢？如果我们说，原因是在它出现后就有某个东西恒常存在的东西，对这些词我们就可以理解。因为这是我们在这件事上实际所知的一切。这种恒常性恰恰构成了必然的本质，此外，我们再也没有任何其他的必然观念了。——原注

似对象的恒常会合，要么在于理智从一个对象到另一个对象的推断。在这两个意义上（实际上它们归根结底是一样的）所说的必然，在大学里，在教会的讲坛上，在日常生活中，已经被普遍默认为是属于人的意志的；没有人会妄图否认我们可以对人类的行为作出推断，而且这些推断是建立在我们所经验到的相似行为与相似动机、倾向、环境的联合上的。人们可能只会在一点上有不同意见，那就是，一方面，人们也许会拒绝给人类行为的这种性质冠以必然之名，不过只要人们理解了这里的意思，我希望这个词不会造成妨害；另一方面，人们会坚持说，在物质的作用中有可能发现更进一层的东西。不过，应当承认，这个看法不论对自然哲学或形而上学会多么重要，对道德和宗教却是无关紧要的。在这里，如果我们断言，在物体的活动中没有任何其他必然或联系的观念，也许我们错了，但是，我们对心灵的活动所确凿说出的那些事情，却是每个人都有的，是每个人都一定易于承认的。我们并没有改变关于意志的公认正统体系中的任何情节，而只是改变了有关物质对象和原因方面的情节。因此，至少没有哪个学说能比这个学说更无害的了。

一切法律都是建立在赏罚的基础上的，于是，人们就假定了一个根本的原则：这些赏罚的动机对心灵有一种规则的、一律的影响，它们都产生了善的行为，防止了恶的行为。我们可以给这个影响以我们所喜欢的名称，但是，因为它通常与行为相结合，所以它应当被认为是一个*原因*，应当被看成是我们这里所要确立的那个必然的一个事例。

憎恨或报复的唯一恰当对象是具有思想和意识的一个人或生物；如果任何罪恶行为或伤害行为激起了那样的情感，那只是由于那些行为同那个人的关系或联系。各种行为就其本性而言是暂时的、会消逝的，如果它们在发生时不是出于行为者的性格和气质方面的某个原因，那么，它们即使是善的，也不能为他增光，即使是恶的，也不能使他添丑。这些行为本身也许是可以谴责的，也许是与所有的道德规则和宗教规则相反的，但是，那个行为者却不对它们负责；而且因为它们不是来自于行为者自身中持久永恒的东西，过后也留不下那样的东西，所以，他也不可能因那些行为而成为惩罚或报复的对象。因此，根据那个否认必然，从而也否认原因的原则来说，一个人在犯下最可怕的罪行之后，却会像初生的一刹那一样纯洁无瑕，而且他的品格与他的行为没有任何关系，因为那些行为不是出自他的品格，行为的邪恶并不能证明品格的堕落。

人们在无知和偶然的情况下做出的行为，不论其后果如何，行为者不因之而受到谴责。为什么呢？这无非是因为这些行为的动因只是瞬间的，只以这些行为为限。人们因仓促和未事先考虑而做出的行为，要比深思熟虑的行为较少受到谴责。这是为什么呢？这无非是因为，虽然急躁的脾气是心灵中的一个永恒的原因或动因，但是，它只是间断活动的，并不影响人的整体品格。再有，如果人的忏悔带来了生活方式的改进，那么，这个忏悔就扫除了他的一切罪恶。对此如何来解释呢？我们只能断言，那些行为之所以使行为者成为有罪的，只是因为它们是那个人心中的犯罪动因的证据；而当这些动因被改变了，那些行为因而就不再是恰当的证据，也不再是犯罪的行为了。但是，如果不是根据这个必然学说，那些行为就不会是恰当的证据，从而也不可能是犯罪的了。

我们同样很容易证明，而且是根据同样的论证来证明，根据人们都同意的上述定义，自由对于道德也是必不可少的，而且任何人类活动若缺少自由，它就没有任何道德性质，就不能成为喜好和厌恶的对象。因为行为之成为我们的道德情感的对象，仅就它们是内在品格、激情和感情的指征而言的；如果它们不是从这些动因而来，而完全是由于外界的强迫而来的，它们就既不能引起赞扬，也不能引起谴责。

我并不自称已经清除了对这个必然和自由理论的一切反驳。我可以预见到别的一些反驳，它们是从我们这里尚未探讨的题目中引出来的。例如，人们可能会说，如果自主行为与物质的作用一样服从于同样的必然法则，那么，这里就有一串连续的必然原因的链条，它从万物的最初原因到每个人的每一个意志，都是预先规定和预先确定了的。宇宙中的任何地方都没有偶然，没有随意，没有自由。当我们在行动时，同时也是被动的。我们的一切意志的最终创造者就是世界的造物主，他首先使这个巨大的机器运动起来，把所有的存在物都安排在那个特定的位置上，随后的一切事件都必定依照不可避免的必然性而由此产生出来。因此，人类的行为要么因为出自如此善良的原因而根本没有任何道德堕落；要么，如果这些行为是堕落的，既然人们承认我们的造物主是这些行为的终极原因和创造者，这些行为必定使造物主也陷入同样的罪过。这就好像一个人点燃了地雷，不论他用的导火索长短如何，他都要为其后果负责；所以，只要一串连续的必然原因的链条被确定下来，那么，对于那个造出第一因的神来说，不论他是有限的还是无限的，他同样是其他一切原因的创造者，因而，那些原因所受到的谴责和赞扬，他也必须承担下来。当我们考察任何人类行为的后果时，我们依据一些毫无疑问的理由，用清楚不变的道德观念建立起这个原则；而当那些理由被用于有无限智慧和能力的神的意志和意向上时，它们一定有更大的力量。对于人这样的有限生物，我们可以用无知和无能来为之辩护，但是，这些缺陷在我们的造物主那里是不存在的。对于我们轻率称之为罪行的那一切人类行为，造物主已经预见到了，规定好了，并且是他所意欲的。因此我们一定会得出结论：要么，那些行为不是罪行；要么，对这些行为负有责任的，是神而不是人。可是，这两种意见都是荒谬的、渎神的。由此可见，推出这两种意见的那个学说绝不可能是真实的，它易于受到一切同样的反驳。一个荒谬的结论，如果它是必然得出的话，那就证明了它所源出的学说是荒谬的。同样，有罪的行为使引起这个行为的原因成为有罪的，如果它们之间的联系是必然的、不可避免的话。

以上的反驳包括两个部分，我们将分别考察。第一部分的意思是：如果人类行为可以依据必然的链条追溯到神，那么，它们就不可能是有罪的，因为它们是从那个神来的，而神是无限完善的，他只能意欲那些全善的、值得赞美的事情。第二部分的意思是：如果这些行为是有罪的，我们就不得不收回我们认为神所具有的完善性，不得不承认他最终造成了一切被造物的罪过和道德堕落。

我们对第一部分的回答似乎是明显而可信的。许多哲学家在精确考察了一切自然现象后得出结论说，把自然现象的整体作为一个体系来考虑，它在其存在的每个时期，都是按照完美的善意来安排的，而且，最可能的幸福最终将落到一切被造物的身上，没有任何实际的或绝对的恶和痛苦掺入。他们说，每一物理的灾难都是这个慈善体系的必要的组成部分，即使被当作有智慧的行为者的神自己来除掉这个灾难，那也会给更大的灾难开辟了入口，或者将这个灾难所引起的较大的善排除掉了。从这个理论出发，有些哲学家，包括古代的斯多亚派在内，提出了一个面对万难求得安慰的论点。他们教导他们的学生说，他们为之苦恼的那些灾难实际上对宇宙是有益的，而且从涵盖整个自然体系的广泛的观点看，每件事情都会成为愉快和欢乐的对象。虽然这个论点堂皇而崇高，可是实行起来马上就发现它是脆弱无效的。一个人因患痛风症处于极大的痛苦中，如果你向他喋喋不休地说，那些普遍的法则在他身上产生出有毒的体液，使它们通过适当的通道流至他的肌肉和神经，于是在那里引起如此剧烈的疼痛，而造成这一切的法则却是公正的，那么，你肯定会把他激怒，而不会使他得到慰抚。对于在安逸中从事思辨的人来说，那些广泛的观点可能会一时取悦于他的想象，但是，即使他未受痛苦或病痛的折磨，它们也不会长留在他的心中；当那些广泛的观点受到如此有力的反对者的攻击时，就更不能坚持其根据了。人的感情对其对象的感受是比较狭窄、比较自然的，它们凭借比较适合于心灵的脆弱性的一种结构，只关注我们周围的事物，它们是被那样一些事情激发起来的，那些事情在我们这个私人体系看来是善的或恶的。

道德的恶与物理的灾难的情况是一样的。人们可以合理地假设，既然我们发现那些遥远的思考对后者没有什么效果，那么，它们对前者也不会有更大的影响。自然给人的心灵以那样一种构造，以至于某些品格、气质和行为一出现，心灵就立刻感到赞扬或谴责的情感，除此以外，没有任何其他情绪是心灵的状态和结构所必不可少的了。我们所赞扬的品格主要是对人类社会的和平和安宁有益的品格，而引起我们谴责的品格主要是有破坏和扰乱社会倾向的品格。由此我们可以合理地假设，道德情感是直接或间接地从反省这些相互对立的利益中产生的。然而，哲学的思考却确立了一个不同的意见或推测，即就整体而言，一切事情都是正确的，那些扰乱社会的品质基本上是有益的，符合自然的原始意向，如同比较直接促进社会幸福和福利的那些品质一样。不过，哲学思考所确立的这个意见或猜测又有什么大不了的呢？这种遥远而不定的思辨能与我们从自然而直接地观察对象中产生的情感相抗衡吗？如果一个人被抢走了很大一笔钱，难道他会感到他因蒙受损失而引起的懊恼会由于那些崇高的思辨而减轻吗？那么，为什么我们料定他在道德上对那个罪行的怨恨与那些思辨不相容呢？或者说，我们既承认人体的美和丑有实在的区别，也承认恶和德有实在的区别，而为什么一切思辨的哲学体系都不能与我们所承认的这些相一致呢？这两种区别都是建立在人类心灵的自然情感上的。这些情感不被任何哲学理论或任何思辨所控制或改变。

对第二部分的反驳就不容许那么容易和满意地回答了，我们也不能明确地说明，神如何能成为一切人类行为的间接原因，而又不是罪恶和道德堕落的创造者。这些事情是神秘的，非常不适于我们完全天生的、孤立无援的理性来把握。理性不论采纳什么样的体系，它必定会发现，它就这些题目所采取的每个步骤上，自己都陷入了无法摆脱的困难甚至矛盾中。如果要用预见来调和人类行为的随意性和偶然性，或者用来捍卫绝对的天命，虽然这使神不再是罪恶的创造者，但是迄今为止，人们一直认为这样做是超出了哲学的全部能力的。理性在探索这些崇高的神秘之事时，由此觉察到自己的鲁莽，于是，离开那个充满晦涩和困惑之地，谦虚地返回到它的真正而恰当的领域，即对日常生活进行考察；它在此将发现足够它进行研究的各种难题，而不必驶入一个充满着疑虑、不确定和矛盾的汪洋大海。如果理性能做到这一点，那就太幸运了！

第九章　论动物的理性

我们关于实际事情的一切推理都是建立在一种类推上的，这种类推使我们从任何一个原因的出现，就期待我们曾经观察到的由类似原因所引起的同样的事件。如果这些原因是完全相似的，那么，这种类推就是完全的，我们就认为由它引出的推断是确实的、决定性的。如果任何人看到一个铁块，他绝不会怀疑它是有重量的，它的各部分是有凝聚力的，正如他曾经看到的其他一切事例中的情形一样。但是，如果这些对象并不精确相似，那么，与前者相比，这个类推就不够完全，由此引出的推断就不具有决定性，尽管依对象的相似和相像程度，它仍具有某些力量。根据这种推理，对一种动物形成的解剖观察，可以推广到所有的动物。的确，比方说，当我们已经清楚地证明在一种生物，如青蛙或鱼中有血液循环，那么，由此就形成了一个有力的假设，即血液循环的同样原理在所有的生物中都存在。这些类比的观察甚至可以进一步推广到我们现在正研究的这门科学上；对于我们用以说明理智的活动，或用以说明人的感情的起源和联系的任何理论，如果我们发现它在说明其他一切动物的同样现象时也是必不可少的，那么，这个理论将获得额外的力量。下面我们将做这样的尝试，我们将针对我们在前面的论述中努力说明一切经验推理时所用的那个假设，我们希望这个新的观点将有助于确证我们前面所说的一切看法。

首先，似乎很明显，不但是人，而且连动物也从同样原因永远被同样事件所跟随的经验中学到很多东西，并且那样来推断。根据这个原理，它们熟悉了外界对象的比较明显的性质，从它们出生之时起，就逐渐储存起有关火、水、土、石头、高、深等的性质的知识，以及有关它们的作用所引起的结果的知识。在这方面，幼年动物的无知和无经验与老年动物的狡猾和伶俐形成明显的区别，后者通过长期的观察已经学会了躲避对它们有害的东西，追逐使它们舒适或快乐的东西。当一匹马已经习惯了一片原野，它就熟悉了它所能跃过的合适高度，它不会尝试做超出它的力量和能力的事情。在狩猎时，年长的猎狗会把比较劳累的工作交给年轻的猎狗，而它自己在某处等待野兔急转弯时迎上去。在此情况下它所形成的推测不是根据任何事情，而是根据它的观察和经验。

这种情形从我们对动物进行训练和教育所产生的结果上看得更明显，我们通过对动物施以适当的奖惩，可以教会动物做出与其自然的本能和倾向最相反的任何一套动作。当你恐吓一条狗，或举起鞭子要打它的时候，使这条狗对疼痛感到惧怕的不正是经验吗？使这条狗对呼唤它的名字做出反应的不也是经验吗？当你以某种方式，用某种声调和口音发出一个声音，这条狗从这样一个任意的声音推断出你指的是它，而不是其他的狗，推断出你要呼唤它不也是因为它的经验吗？

我们在所有这些情况中可以看到，动物推断了未直接触动其感官的某个事实；而且这个推断完全是建立在过去的经验的基础上的，这时，这个生物从当前的对象，期待它在观察中始终发现由相似对象引起的同样后果会出现。

其次，动物的这种推断不可能建立在任何论证或推理的过程上，它不能根据那样的论证或推理过程得出结论说，相似的事件必定跟随相似的对象，自然的过程在运行时将永远是规则的。即使实际上有任何这样的论证，它们也肯定非常深奥，不会被动物那种不完全的理智观察到，因为要发现和观察到它们，很可能要有一位科学天才的极大关心和注意才行。因此，动物在这些推断中不受推理的指导，而且我们的儿童是如此，大部分人类在他们平常的活动和论断中是如此，哲学家自己也是如此。哲学家在他们全部能动的生活方面，与普通人基本一样，并受同样准则的支配。自然肯定已经提供了比较便利、比较通用的别的某个原则；自然不会将从原因推断结果这种在人生中有巨大影响的活动，交托给不确定的推理和论证过程。即使这一点对人而言是有疑问的，但对兽类似乎没有任何疑问。而这个结论一旦在兽类方面牢固确立起来，那么从类推的全部规则出发，我们就可以有力地推测，这个结论应当被普遍承认，没有任何例外或保留。只有习惯使动物从每个触动感官的对象推出与该对象通常伴随的对象，使动物的想象从一个对象的出现，以我们称之为信念的方式构想另一个对象。对于我们注意和观察到的各种高等和低等有感觉生物的这种活动，除了这种解释之外，没有任何其他的解释。[①]

---

① 既然关于事实或原因的一切推理完全是从习惯来的，那么人们可能会问，在推理方面，人远远胜过动物，一个人远远胜过另一个人，这种情况是如何发生的呢？难道同样的习惯对一切生物的影响是不同的吗？

这里我们将力图简要地说明人类理智的巨大差异，然后，我们对于人和动物之间的差异的缘由就容易理解了。

1. 当我们已经生活了一些时间，已经习惯了自然的一律性，我们就获得了一个普遍的习惯（a general habit），由于这个习惯，我们总是从已知的东西转移到未知的东西，总是构想后者与前者相像。依靠这个普遍的习惯原理，我们甚至把一次实验当作推理的基础，如果这个实验做得很精确，排除了一切无关的情节，我们就在某种程度上确凿无疑地期待相似的事件。因此，我们把观察事物的结果看作是一件非常重要的事情；由于一个人在注意力和记忆力方面可以远远胜过另一个人，所以就造成了他们在推理上的重大差异。

2. 当任何结果是被复合的原因产生的，这时，一个心灵就有可能比另一个心灵更广大，能更好地理解对象的整个体系，能更好地恰当推断它们的结果。

3. 一个人能够比另一个人进行更长的一串推论。

4. 几乎没有人会长时间思考而不陷入观念混淆和彼此错认的，人的这个弱点有各种不同的程度。

5. 结果所依赖的那个情节常常包含在其他一些无关的、外在的情节之中。要把这个情节分离出来，往往需要有很集中的注意力、很高的精确性和敏锐性。

6. 由特殊的观察形成普遍的准则是一个非常精细的活动，心灵不能把方方面面都看到，由于它的仓促或狭窄，它在这方面犯错误是再平常不过的了。

7. 如果我们从相似进行推理，那么，具有较多经验，或能较迅速想到相似情形的人，将是较优秀的推理者。

虽然动物的许多知识是从观察学来的，但也有许多知识是它们从自然的本原方面得来的。这些知识远远超出了它们在通常情况下所具有的那份能力，而且，它们也很少乃至不能借最长期的实践和经验来增进这些知识。这些知识我们称之为本能，它们很容易得到赞赏，被当作非常奇特、用人类理智的一切探究都无法解释的东西。不过，如果我们考虑到，我们与兽类共同具有的、我们的全部生活活动所依赖的经验推理本身不是别的，只是一种本能或机械的能力，它在我们心内不为我们所知地活动着，而且它在其主要活动中，不受作为我们理智官能的恰当对象的那种观念关系或观念比较的指导，那么，我们对本能的惊异也许就会消失或减弱了。虽然这种本能是不同的，但它仍是一种本能，这种本能教导人们避开火焰，就与鸟的本能准确教会一只鸟孵育技术，教给它雏巢的全部结构和式样是一样的。

---

8. 由成见、教育、爱好、党派等带来的偏见，在一个心灵上的附着力要大于另一个心灵。

9. 既然我们已经相信人类的证据，于是，书籍和谈话就可以扩大人的经验和思想的范围，在这方面，一个人与另一个人会有很大差异。

我们很容易发现使人的理智有所差异的其他许多情节。——原注

第十章　论奇迹

第一节

蒂洛森博士（Dr. Tillotson）[①]的著作中有反对真在论（real presence）的论证，对于那样一个不值得认真反驳的学说，这个论证如我们所尽可能设想的任何论证一样简洁、优雅、有力。这位博学的主教说，人们一般都承认，不论是圣经的权威还是经外传说的权威，都只是建立在使徒们的证据上的，这些使徒曾亲眼见过我们的救世主为证明其神圣使命而造出的那些奇迹。因此，我们关于基督教真理的证据比不上我们感官真理的证据，因为即使在最初创立我们宗教的人那里，前者的证据也并不比后者更重大。而且，很明显，前者的证据经他们传给他们的信徒时，必定会削弱。任何人对他们的证据都不会像对待自己感官的直接对象那样确信。较弱的证据不能摧毁较强的证据，因此，

① 约翰·蒂洛森（1630—1694），英国新教传教士，后为坎特伯雷主教。

即使真在论学说在圣经中明确启示出来，也与我们同意它时所依据的正确推理规则正好相反。这个学说据认为是建立在圣经和经外传说上的，如果我们把圣经和经外传说仅仅看成是外部的证据，而且它们未借圣灵的直接作用使每个人内心深切地感悟到，那么，尽管它们都未带有感觉经验那样的证据，这个学说也是与感觉经验相矛盾的。

没有什么论证比这类决定性论证更合宜的了，因为它至少使最傲慢的偏执和迷信哑口无言，使我们摆脱了它们无礼的蛊惑。我自以为我已经发现了一个同样性质的论证，这个论证如果是公正的，它将在智慧而博学的人那里永久遏制住各种迷信的幻想，只要世界存在，它就是有用的。因为我料想，在一切圣史和世俗史中，一直都会看到对奇迹和奇事的记述。

虽然经验是我们对事实推理的唯一指导，不过，应当承认，这个指导并不是完全无误的，在某些情况下，它很容易使我们陷入错误。如果一个人生活在我们这种气候中，他会期待六月任何一周的天气都要比十二月任何一周的天气好，他的这个推理是正确的，与经验相一致。但是，他肯定会偶尔发现他在这件事上是错了。不过，我们会说，在这个情况下，他没有理由埋怨经验，因为经验通常事先就用我们从不倦的观察中得知的相反的事情来告诉我们这种不确定性。并非一切结果都同样确实地由它们的假定的原因而来。我们发现有些事情在一切国家和一切年代都恒常联结在一起。而我们也发现有些事情比较易变，有时使我们的期待落空，以至于在我们对实际事情的推理中，存在着可以想象得出的各种不同的确信度，从最高的确实性到最低一种的或然性证据不等。

因此，一个聪明人使他的信念与证据的可信度成比例。在以无误的经验为根据的结论中，他以最高程度的确实性期待将来的事件，认为他过去的经验是那个事件将要存在的充分证明。在其他情况下，他行事则比较谨慎。他要掂量相反的经验；他要考虑哪个方面得到较多相反经验的支持，对这一方面他就有怀疑和犹豫的倾向；而当他最后确定了他的判断，其证据也不会超过我们所恰当称之为的或然性。因此，一切或然性都以经验和观察中的对立为条件，这时，我们发现一方面的经验和观察压倒了另一方面的经验和观察，并产生了与其优势成比例的某种程度的证据。如果有一百个此方面的事例或经验，五十个彼方面的事例或经验，那么，它们所提供的对将来事件的预期就很有疑问。可是，如果有一百个一律的经验，只有一个相反的经验，那么，它们就会合理地产生出非常强烈的确信。在任何情况下，如果有经验是相反的，我们就必须权衡这些相反的经验，并从数量较多一方的经验减去数量较少一方的经验，以便知道优势证据的确切力量。

要把这些原则用于一个特殊事例，我们可以看到，对人类最平常、最有用，甚至必不可少的推理，是从人的证据，从目击者和旁观者的报告中得到的那种推理。人们也许会否认这种推理是建立在因果关系上的。而我将不就一个词而争论。我只满足于说，我们对任何这类论证的相信，不是从任何其他原则来的，而是由于我们看到人类证据的真实性，看到事实与目击者报告的通常的一致性。任何对象之间都没有可发现的联系，我们能由此及彼作出的一切推断，完全是由于我们经验到对象的恒常而有规则的会合。这是一个普遍的公理。显然，我们不应当为了有利于人类证据而给这个公理一个例外，人类证据与任何事件的联系似乎与任何其他证据一样，实质上都不是必然的。假如人没有某种强度的记忆力，假如人平常没有对真理的偏爱，没有正直的本性，那么，当他们被发现在说谎，他们本来是不会感到羞耻的。我要说，假如经验没有发现这些品质是人性中固有的性质，那我们本来也不会对人类证据有丝毫信赖。一个神经错乱的人，或一个以谎言和邪恶而著称的人，在我们看来是没有任何权威的。

由于从目击者和人类证言得到的证据是建立在过去的经验上的，所以，它随经验而异，根据我们所见的某种特殊报告与某种特殊对象之间的会合是恒常的还是易变的，这个证据要么被看成是一个证明（proof），要么被看成是一个或然性。在所有这类判断中，有许多情节要考虑，对这些情节可能会引起争论，而我们用以判定一切争论的最终标准，永远是从经验和观察得来的。如果这个经验在任何一方不完全一律，它就会带来我们判断中的不可避免的对立，它就会与其他各种证据中的情形一样，带来论证上的对立和互相破坏。我们对他人的报告常常犹豫不决。我们要衡量引起任何疑虑或不确定的相反情节。虽然当我们发现某一方面有优势，我们就倾向于这个方面，但是，我们仍然依相反方面力量的大小，减弱我们的确信。

在现在所说的事情上，证据的这种相反性是由若干不同的原因引起的：由相反证据的对立所引起；由目击者的品格或人数的不同所引起；由他们发表证据的不同方式所引起；由全部这些情节的结合所引起。当证人互相矛盾的时候，当他们人数很少，或人品可疑的时候，当他们与他们所断定的事有利害关系的时候，当他们发表他们的证据时犹豫不决的时候，或者相反，当他们发表他们的证据时过于强烈断言的时候，我们对他们所说的事情就会持有怀疑。还有其他许多同类的情节也可以削弱或破坏从人类证据而来的任何论据的力量。

比方说，我们假设人类证据所力图确立的那个事实是奇特的、令人惊异的，那么，在此情况下，由人类证据所引起的那种明证就容许有或多或少的减弱，其程度与那个事实的反常程度的大小成比例。我们之所以相信目击者和历史学家，其理由并非出自我们在证据和实在之间先天觉察到的任何联系，而是因为我们习惯于发现它们之间的一致性。但是，当要证明的事实是那种我们很少见过的事实，那么，这里就会出现两种相反经验的竞争，其中一个会尽力消灭另一个，只有占优势者能够以它的余力对心灵发生影响。经验的原则使我们对目击者的证据有某种程度的确信，在这里的情形下，同样的经验原则又使我们在另一种程度上不相信目击者力图确立的事实。由于这个矛盾，在信念和权威之间必然会产生一种抵消作用和彼此的破坏作用。

甚至加图（Cato）[①]这位哲学爱国者在世时，罗马就有一个谚语说，即使这个故事是加图告诉我的，我也不相信。[②]这说明，那时人们已经承认，一个事实若不可信，那样大的一个权威也

---

① 加图，指小加图（前 95—前 46），古罗马政治家和道德学家，属于斯多亚派。

② 见普鲁塔克：《小加图传》。——原注

普鲁塔克（约 46—约 120），古罗马时代希腊传记作家。

不能使人相信它。

一位印度王子在初次听人述说霜冻造成的结果时，他拒不相信，这时他的推理是正确的；那些事实是由他不熟悉的自然状态产生的，而且这个自然状态与他恒常而一律地经验过的那些事情不相似，因此，要使他同意那些事实，当然需要非常有力的证据才行。那些事实虽然与他的经验不是相反的，但与他的经验不一致。[①]

为了提高与目击者的证据相反的或然性，让我们假设，他们断定的事实并非只使人惊异，而实在是奇迹；我们还假设，目击者的证据若分别就其本身来考虑，就相当于一个完全的证明（proof），在此情况下，证明与证明就冲突了，它们中的强者必定会得势，但它的力量仍然会相应于其反对者的力量大小而减弱。

---

① 显然，任何印度人都不会有水在寒冷天气下不结冰的经验。这就使自然的一种情形是他完全不知道的；他不可能先天地说出由这种情形会引起什么结果。这里所做的是一个新的实验，其结果总是不确定的。有时人们可以根据类推来猜测会发生什么事情，但这毕竟是猜测。我们必须承认，就现在这个水结冰之事而言，这件事是与类推规则相反的，以至于一位有理性的印度人是不会期待它的出现的。冷对水的作用不是根据冷的程度而渐进的，而是只要温度到了冰点，水就在一瞬间从完全流动的变成完全坚硬的。这样的事情因而可以被称作是异常的，要使生活在温暖地区的人相信它，就需要非常有力的证据。但是，这样的事仍然不是奇迹的，与我们在各种情节相同的情况下对自然过程的一律性经验并不相反。苏门答腊的居民在他们生活的气候下看到的水永远是流体的，河水结冰应当被认为是一个奇迹。他们从未见过莫斯科冬天时的水，因此他们不能合理地断定水那时会有什么结果。——原注

一个奇迹就是对自然法则的一次破坏，而由于这些法则已经被牢固不变的经验确立起来了，所以，就事实本性而言，对奇迹进行反驳的那个证明是完全的，与我们所能想象的任何经验论证一样完全。所有人都一定会死，铅块不能独自悬留在空中，火会烧毁木头，火会被水熄灭，这些事情之所以都超过了或然性，如果不是因为这些事情被发现是与自然法则一致的，而且要阻止它们就要破坏自然法则，还会因为什么呢？如果一件事情是在自然的通常进程中发生的，它就不会被看作是奇迹。一个看起来很健康的人突然死了，这不是奇迹，因为这样的死亡虽然比其他种类的死亡较不常见，但还是可以不时看到其发生的。而如果一个人死而复生了，这就是一个奇迹，因为在任何年代任何国家都未曾见过此事。因此，每一奇迹之事必定有一律的经验与它相反对，否则这件事就不值得称为奇迹。既然一个一律的经验就是一个证明（proof），所以，就事实的本性看，这里就有了一个反对任何奇迹存在的直接而充分的证明；如果要破坏这样的证明，或使奇迹为人所相信，必须要有一个占优势的相反的证明才能办到。[①]

---

① 有时一件事情本身似乎并不与自然法则相反，但是，如果它是真的，它却可以由于某些情况而被证明是一个奇迹，因为事实上它是与那些法则相反的。于是，如果一个人自称有神圣的权力命令一个病人痊愈，命令一个健康的人倒地死去，命令云彩降雨，命令风吹起来，总之，使许多自然事件紧随他的命令来安排，那么这些事件可以恰当地认为是奇迹，因为在此情况下它们实际与自然法则是相反的。如果我们仍有所怀疑，认为这个事件和命令是偶然同时发生的，那么，这里就没有奇迹，也没有违反自然法则。如果这个怀疑被消除了，那么这里显然就有一个奇迹

这里的明显推论是（而且也是值得我们注意的普遍公理）："任何证据都不足以确立一个奇迹，除非这个证据是那样一种证据，即它的虚假要比它力图确立的事实更奇异；而即使在这种情况下，双方的论证仍会互相破坏，优势论证带给我们的确信，只与优势论证减去劣势论证后剩余的力量的程度相适应。"如果有人告诉我，他看到一个死人复活了，那么，我马上就会自忖：要么这个人是在骗人或被别人所骗，要么他所说的事情真的发生过，这两者哪一个更可能呢？我把一个奇迹对照别的奇迹加以权衡，根据我所发现的优势来宣布我的决定，而且总是把较大的奇迹抛弃掉。如果他的证据的虚妄比他所说的事情更奇异，那么这时，也只有到这时，他才能自称支配了我的信念或意见。

第二节

我在前面的推理中假设说，奇迹所依赖的证据可以等于一个完全的证明，而且这个证据的虚妄会成为一个真正的奇事。不过我们很容易表明，我们作了许多过于随便的让步，而且，

和对自然法则的破坏，因为没有什么事情能比一个人的声音或命令有如此巨大影响更与自然法则相反的了。对一个奇迹可以精确地定义为：它是由于神的特殊意志，或由于某种不可见力量的干预，对一项自然法则的一次破坏。一个奇迹既可以被人发现，也可以不被人发现。这并不能改变奇迹的本性和实质。把房子或船只举起在空中是一个看得见的奇迹。如果风的力量很小不足以吹起一片羽毛，可是羽毛竟升起来了，这就是一个真正的奇迹，尽管我们察觉不到。——原注

从来没有任何奇迹般的事情是建立在那种充足的证据上的。

第一点，在全部历史中，我们没有发现任何奇迹是被足够多的可信赖的人证实的。这些人具有毫无疑问的判断力、良好的教育和学识，能使我们安心地认为他们不会有各种误解；这些人无疑是正直的，没有任何蓄意骗人的嫌疑；这些人在人们眼中是值得尊重和有声望的，如果他们被发现有任何虚假，他们就要蒙受巨大的损失；同时，他们要以公开的方式，在世上众所周知的地方，对事实进行证实，使得证实活动不可避免地受到检查。要使我们对人们的证据有充分的相信，所有这些条件都是必不可少的。

第二点，我们在人性中可以看到一个原则，如果对这个原则严格考察，我们将发现，它会极大减弱我们由人类证据获得的对任何一种奇事的确信。我们自己在推理中常用的公理是：我们没有经验过的对象相似于我们已经经验过的对象；我们发现最常见的事情永远是最可能的；当各种论证相对立时，我们应当选择建立在过去最多的观察基础上的论证。不过，在依此规则进行推理的过程中，虽然我们很容易排斥不寻常的、一般不可信的事实，可是在继续进行下去时，心灵就不总是遵守同样的规则了；当人们断言任何事情是完全荒谬的、奇异的，本应使那件事的权威全部摧毁的那个情节，恰恰使心灵更容易承认那个事实。由奇迹引起惊讶和好奇的情感，是一种令人愉快的情绪，它使人明显倾向于相信这种情绪由之而生的那些事情。这种情况会发展到很严重的地步，甚至有些人没有直接享受到这个快乐，也不会相信他们被告知的那些奇异的事情，却仍然喜欢间接地分享快乐，并以引起别人的羡慕而自豪和高兴。

旅行者作了许多奇异的报道，描述了海中和陆地的妖怪，叙说了惊人的探险、奇怪的人群和陌生的习俗，对于这些，人们不是非常贪婪地接受着吗？可是，如果宗教精神与好奇结合在一起，常识就完结了，在这些情况下，人类的证据完全失去了它的权威。一个宗教家可以是一个狂热者，他想象他看到了没有任何实在性的东西：他也许知道他的叙述是假的，但是为了将一个如此神圣的原因抬高起来，他带着世上最美好的意愿来坚持他的说法。即使他没有这种骗人之想，他的虚荣心在强烈诱惑的刺激下，也会对他发生作用，这种作用要比在任何其他情况下对其他人的作用更强烈。而自利之心则与虚荣心有同等的力量。他的听众不会有通常也不可能有足够的判断力去检查他的证据。在这些崇高而神秘的题目上，那些听众原则上放弃了自己所具有的判断力；即使他们非常愿意运用自己的判断力，他们的激情和热烈的想象也会将判断活动的规则性打乱。听众的轻信使他更加厚颜无耻，而他的厚颜无耻又加深了听众的轻信。

当雄辩处在最高潮时，容不得进行推理或反思；它完全倾注于唤起想象或情感，使心甘情愿的听众痴迷，使他们的理智受到压抑。所幸的是，雄辩很少达到这样的高潮。但是，一个塔利（Tully）或一个德谟斯梯尼（Demosthenes）[①] 对罗马听众或雅典听众说起来无效的事情，方济各会的每一个僧侣，每一个巡游传教士或驻地传教士却可以将它说得对大多数人都发生

①. 塔利即西塞罗。德谟斯梯尼（前 384—前 322），古希腊政治家、演说家。

作用，而且他们通过触动那些粗俗的感情，使发生的作用达到较高的程度。

对于伪造的奇迹、预言和超自然的事件，它们中的许多事例已在各个时代被相反的证据所揭穿，或者被它们自己的荒谬所揭穿，这些事例充分证明，人类对非凡和奇异的事情有强烈的癖好，应当合理地引起人们对所有这类故事的怀疑。这是我们天生的思维方式，即使对最平常、最可信的事情也是如此。例如，任何种类的传闻都不像与婚姻有关的传闻那样容易出现和迅速传播，尤其在农村地区和乡下小镇更是如此，以至两个地位相同的男女青年还未见过两次面，所有邻居就马上把他们联系在一起。说出这样一条有趣的新闻，把它宣扬出去，成为这条新闻的第一个报告者，所有这些都使人快乐，这种快乐使这条消息得到传播。这种情况是众所周知的，有理智的人只有当他发现这些报告得到某个较大证据的证实，才会注意到它们。大多数人不正是由于这同样的感情以及其他更强烈的感情，才倾向于最热烈、最肯定地相信和报告各种宗教的奇迹吗？

第三点，据观察，一切超自然的、奇异的传说主要盛行于愚昧野蛮的民族中，这构成了反对这些传说的一个有力的证据。即使一个开化民族承认任何这些传说，我们也将发现，这个民族是从愚昧野蛮的祖先那里接受这些传说的，这些祖先以公认的意见所永远带有的不可抗拒的强制力和权威，将这些传说流传下来。当我们阅读各个民族的早期历史，我们很容易想象我们自己进入了某个新的世界，在那里，自然的整个结构是支离破碎的，每个元素都以与现在不同的方式运行着。战争、革命、瘟疫、饥荒、死亡都不是由我们所经验的那些自然原因引起的。

奇事、预兆、神谕、报应，这些事情完全把少数与它们混在一起的自然事件遮蔽了。而当我们读到比较接近文明时代的历史，前者那样的事情就相应地逐页减少，于是，我们很快就知道，在这里并没有奇异的或超自然的事情，所有那些事情不过是从人类对奇事的常有的癖好来的；而且，虽然这种倾向可能不时被理智和学问所制止，但它从未从人性中彻底消除掉。

一位明智的读者在阅读那些爱写奇闻逸事的历史学家的著作时，往往会说：*真是奇怪，如此奇异的事情从来未在我们的时代发生*。不过，我想，各个时代的人都会说谎并不是奇怪的事。你一定见过许多关于这个弱点的事例。你亲耳听到过最初传出的许多这样的奇闻逸事，它们被一切聪明有见识的人所蔑视，而最终甚至被普通人所抛弃。可以肯定，那些被广泛传播甚嚣尘上的著名谎言，也是来自同样的起源，只是它们被撒播在合适的土壤里，最后生长为与它们所述说的几乎同样的奇迹。

假先知亚历山大（Alexander）[①] 现在已经被人们忘记了，过去他却名噪一时。他有一个很聪明的策略，即把第一次行骗的场所放在帕福拉贡尼亚（Paphlagonia）。琉善（Lucian）[②] 告诉我们说，那个地方的人极端愚昧和麻木，对哪怕最粗陋的骗局都乐于接受。而远方的人软弱到认为这件事完全不值得调查，就没有机会得到更好的信息。他们得知的那些故事已经被添加了成百的情节。蠢人们卖力地宣传那个骗局，而聪明博学的人

---

① 公元 2 世纪人，他曾声称使医药神阿斯克勒庇俄斯以蛇的形象显灵。下文的帕福拉贡尼亚是小亚细亚北部一地。

② 琉善（120—180），罗马帝国时代的讽刺作家。

一般只满足于嘲讽它的荒谬，自己并不了解可以用来将那个骗局明确否定的特定事实。于是，前面说到的那个骗子不但可以着手从愚昧的帕福拉贡尼亚人那里招募信徒，甚至可以在希腊哲学家中，在罗马最优秀阶层的人士中找到信徒。不仅如此，他甚至可以得到圣明的君主马可·奥勒留（Marcus Aurelius）[①]的注意，以至后者把一次军事远征的胜利寄托在那个骗子虚幻的预言上。

在一个愚昧民族中发动一场骗局所获得的利益是很大的，即使那个欺骗因太粗陋不能使大多数人上当（这种情况尽管少见，有时也出现），它在偏远乡村获得成功的机会也要比首先在以艺术和知识闻名的城市行骗大得多。这些野蛮人中最愚昧最野蛮的那部分人将那个骗人的消息带到国外。他们的国人既没有用大量的通信往来去反驳和击破那种欺骗，也没有充足的信心和权威来做到这一点。人对奇事的偏好就有了充分展示的机会。于是，一个故事在它最初传出的地方被普遍戳穿之后，在千里之外仍被当作是确实的。假如这个亚历山大定居于雅典，那么，这个著名学问中心的哲学家会马上把他们对这件事的看法传遍整个罗马帝国，他们的看法由于得到如此巨大权威的支持，又以理性和雄辩的全部力量公布出来，所以会使人类完全睁开他们的眼睛。诚然，琉善偶尔路过帕福拉贡尼亚时，有机会做这件有益的事情。然而，虽然我们可以这样来希望，但是，每一个亚历山大都遇见一个准备揭露其骗局的琉善这样的事，却并不总是会发生的。

---

① 马可·奥勒留（121—180），古罗马皇帝。

我可以进而再说能削弱奇迹权威的第四点理由：对于任何奇迹，甚至那些未被专门调查的奇迹，都有无数见证与它们的证据相反对，这样一来，不仅奇迹摧毁了对那个证据的信任，而且那个证据也摧毁了它自身。为了更好地理解这一点，让我们考虑一下，在宗教的事情上，凡是有差异的就是相反的，而且古罗马宗教、土耳其宗教、暹罗宗教和中国宗教，它们不可能全都建立在任何牢固的基础上。因此，各个奇迹都据称已经在这些宗教的某一个中被创造出来了，因为一个奇迹的直接目的就是使它所从属的那个特定体系确立起来。于是，一个奇迹就有了同样的力量，以推翻别的一切体系，尽管这种推翻是比较间接的。在消灭对立体系的时候，这个奇迹也消灭了对立体系所依据的那些奇迹的信用。这样一来，不同宗教的各种奇迹都可以看成是相反的事实，这些奇迹的证据，不论它们是强是弱，都可以看成是互相反对的。根据这个推理方法，如果我们相信穆罕默德或其继承者的任何奇迹，我们就是以一些野蛮阿拉伯人的证据作为我们的根据。而另一方面，我们还要考虑提图斯·李维（Titus Livius）[①]、普鲁塔克、塔西陀的权威，总之，我们要考虑在各自宗教中讲过任何奇迹的希腊、中国、罗马天主教的一切作家和证人的权威。我是说，我们要以同样的观点看待他们的证据，就好像他们说出了穆罕默德的那个奇迹，而他们用明白的词语来反驳它时，其确定性也与他们述说那个奇迹时一样。这个论证可能显得过于精细了，但实际上它与一个法官的推理并无不同。当两个证人确信某人犯下一桩罪行，而

① 李维（前59—后17），古罗马历史学家。

另两个证人断定，罪行被认为发生的时候，那个人正在两百里以外，于是，法官会假定，前两个证人的确信被后两个证人的证据推翻了。

全部世俗史中得到最充分证实的奇迹是塔西陀报道的韦斯巴芗（Vespasian）[①]做出的奇迹,他在亚历山大用唾液治好了一个瞎子，他仅仅触摸一个瘸子的脚就把它治好了。他是遵从塞拉皮斯神[②]显圣的意旨去做的，这个神要那些人到这位皇帝那里去接受那些神奇的治疗。这个故事可以在那位优秀历史学家的著作中[③]看到，在那里，每一个情节似乎都增加了证据的分量。对于这个已经被戳穿的盲目崇拜的迷信，如果现在真有人愿意去加强它的证据，他或许可以用论证和雄辩的一切力量去详尽展示那些情节。他们可以说，这位伟大的皇帝是庄重、稳健、年迈、正直的，他在整个一生的经历中，从来都是无拘束地与友人和朝臣谈话，从来未装出亚历山大大帝和德米特里厄斯（Demetrius）[④]所显示的那些非凡的神圣气势。那位历史学家是同时代的作家，他以公正诚实而闻名，因而他也许是一切古人中最伟大、最有洞察力的天才，而且他是不容易轻信的，以至于他被反污为主张无神论和亵渎神明。他是根据那样一些人的权威来讲述那个奇迹的，我们完全可以设想，那些人具有进行判断和诚实求真的确定品格；他们是事实的目击者，而且

① 韦斯巴芗（9—79），罗马皇帝。

② 塞拉皮斯神是古埃及托勒密王朝时宗教中的一个神，其崇拜者主要在亚历山大。

③ 塔西陀:《历史》，第四卷，第81章。

④ 德米特里厄斯（前336—前283），马其顿国王。

他们在弗洛维家族（Flavian family）[①]被剥夺了皇权，因而不可能由于说谎而得到任何奖赏之后，他们又进一步肯定了他们的证据。过去曾经在场的那些人，直至现在仍然会说到那两件事情，而现在他们是不会说谎的，因为那不再有任何益处。如果我们对此再补充说，那些事实据说是众所周知的，那似乎完全可以认为，对于那个如此粗陋、如此明显的谎言，没有什么证据比这个证据更有力的了。

还有一个难忘的故事是雷茨（Retz）红衣主教[②]说的，值得我们考察。当这位善使阴谋的政治家为避免敌人的迫害而逃到西班牙时经过阿拉贡[③]的首府萨拉戈萨。在那里的一座教堂内，人们指给他看一个人，这个人已经当了七年守门人，城里凡在此教堂作过礼拜的人都知道他。人们很久以前就见他缺了一条腿，后来他用圣油涂在残肢上使那条腿复原了。这位主教向我们保证说，他看到那个人有两条腿。教堂的全体教士都断定了这个奇迹，城里的全体居民也都被要求来确证此事。这位主教发现，那些人由于强烈的虔诚而完全相信这个奇迹。在这里，述说者与那件假定的奇迹也是同时代的，他既有伟大的天资，又有不轻信、不拘谨的性格。这个奇迹具有独一无二的性质，难以伪造，而且证人很多，他们在一定程度上都是那个事实的旁观者，他们给那个事实提供了证据。而使这个证据的力

① 这个词适用于包括韦斯巴芗、其子提图斯（Titus）和多米蒂安（Domitian）的三个罗马皇帝。

② 雷茨主教（1614—1679），巴黎大主教、政治家。

③ 阿拉贡，位于西班牙东北部。

量大为增加，使我们对此事倍感惊异的，是讲述这个故事的主教本人似乎对这件事也不相信，以至于我们不会怀疑他参与了这个神圣的骗局。他正确地认为，为了驳斥这类事实，没有必要反驳那个证据，没有必要通过造成这类事实的一切欺诈和轻信的情节，来查明它的虚妄。他知道，在任何稍远的时间和地点，这样做一般是完全不可能的，即使一个人就在现场，由于大部分人的偏执、无知、狡诈和欺骗，要做到那一点也是极端困难的。因此，他像一位公正的推理者那样得出结论说，这样的证据从表面一看就是虚妄的，而且，更恰当地说，任何人类证据所支持的奇迹与其说是需要论证的题目，不如说是令人取笑的题目。

在一个人身上发生的奇迹，没有比最近据说在法国巴黎神父的墓上发生的奇迹更多了。这位神父是著名的詹森派人物，人们被他的圣洁欺骗已久。人们到处在说，治愈疾病，比如像使聋人复聪，使盲人复明，都是那座圣墓的常见效力。然而，更不寻常的是，在一个学问盛行的年代，在当今世界最著名的场所，在无疑是正直的裁判者面前，并得到有信誉有名望的证人的证实，许多奇迹当场立刻被证明了。而且这还不是全部，对这些奇迹的叙述还被印发出来，传播到各地。尽管耶稣会是一个受官员支持的学术团体，尽管它坚决反对据说得到奇迹支持的那些意见，但是，它仍然不能明确驳倒那些奇迹，或将它们戳穿。我们到哪里发现与确证一个事实相一致的那么多情节呢？对于那么一大群证人，除了他们所说的事情的绝对不可能，或这些事情的神秘性质外，我们用什么来反对他们呢？而有理性的人认为，单单这一点就无疑是对那些证人的充分反驳。由于在某些情况下某个人类证据有极大的力量和权威，比如与菲利皮之战或法尔萨里亚之战[①]有关的证据就是如此，那么，我们能恰当地推论说，在一切情况下，各种人类证据必定有同样的力量和权威吗？假定恺撒派和庞培派都各自声称他们取得了这些战斗的胜利，而且双方的历史学家都一致称自己一方占有优势，那么，与那些事时隔久远的人如何能在他们之间做出决定呢？希罗多德（Herodotus）[②]或普鲁塔克对奇迹的叙述，与马力安那（Mariana）、比德（Bede）[③]或任何僧侣历史学家对奇迹的叙述，它们之间的对立同样是很强烈的。

一个聪明人对于迎和报告者感情的任何报告都抱以学园式的怀疑，不论这个报告是赞美他的国家、他的家庭或他自己的，还是由于他的自然倾向和嗜好以任何其他方式发表出来的。然而，还有什么诱惑能比作为一个传教者、一个预言家、一个使节从天上出现这个诱惑更大呢？谁会不愿意为获得那样崇高的品格而经受千难万险呢？如果人们由于虚荣和热烈的想象，先使自己改变了信仰，然后又深切地陷入那个幻想中去，那么，利用这些虔诚的欺骗来支持如此神圣而有价值的事业，谁还会犹豫不决呢？

在这里，微小的火星可以燃成漫天大火，因为燃火的材料一直是准备好了的。那些贪听传闻的人，那些注目而视的民众，

① 菲利皮是马其顿的一个城市，公元前 42 年，屋大维和安东尼在此打败布鲁图斯和卡西乌；法尔萨里亚是希腊色萨利地区的一个城市，公元前 48 年，恺撒在此附近打败庞培。

② 希罗多德（约前 484—前 425），小亚细亚人，古希腊历史学家。

③ 胡安 · 马力安那（1536—1623），西班牙耶稣会士，历史学家；比德（673—735），英国历史学家。

不经任何考察，就贪婪地接受一切迎和迷信、引起惊异的事情。

在各个时代，有多少这类故事在一开始就被发觉和戳穿了呢？又有多少这类故事被颂扬一时，而后来又被忽视和忘却了呢？因此，在这种报告流传之处，解决这个现象的方法是很明显的；我们依据有规则的经验和观察来作判断，这时我们根据轻信和欺骗这两个已知的、自然的原则来说明那个现象。难道我们不诉诸如此自然的解决办法，反要允许最确定的自然法则被不可思议地破坏吗？

我用不着说，对于任何个人史乃至国家史中的虚假之事，即使在据说这件事发生的地方，要察觉它也是很困难的，而如果这件事的发生地移得稍远一点，要察觉它就更加困难。即使法庭的法官具有他们所能运用的各种权威、准确性和判断力，他们仍发现经常很茫然，不能将最近发生的活动中的真假情形区分开来。但是，如果我们靠我们通常争吵辩论的办法和流言蜚语来对待这件事，这件事就不会有任何结果，尤其当人们的感情偏向于某一方时更是如此。

在新宗教产生的初期，有智慧和博学的人通常认为这件事微不足道，不值得注意或考虑。当后来他们为了使受骗的大众醒悟，愿意揭穿这个欺骗时，最好的时机已经过去了，也许能弄清这件事的记载和证据也已经失去，无法复得。

除了必定由报告者的证据本身得来的那些办法以外，我们没有揭穿欺骗的任何办法；尽管这些办法对于明智而有知识的人永远够用，但是，对于普通人则往往过于精细，无法理解。

总之，看起来，对于任何种类的奇迹，它的证据都达不到或然性，更达不到证明；而且，即使我们假定它达到了证明，它也与别的证明相反对，它也是从它竭力要确立的那个事实的性质中引出来的。只有经验赋予人类证据以权威性，而使我们对自然的法则抱以确信的，也正是这同一个经验。因此，当这两种经验相反时，我们所能做的就是从一个经验减去另一个经验，并接受双方中任何一方的意见，连同由相减剩下的经验所产生的确信。但是，根据这里所说的原理，就一切流行宗教而言，这种相减就等于完全消灭。因此，我们可以确立一个公理，即任何人类证据都没有力量证明一个奇迹，都不能使之成为任何此类宗教体系的一个恰当的基础。

当我说，我们不能证明一个奇迹，以使之成为一个宗教体系的基础时，请允许我对这里所作的限制说几句话。我承认，在其他方面也可能存在那样一类奇迹或违反通常自然进程的事情，它们可以被人类证据所证明，尽管在一切历史记载中我们也许找不到任何这样的事情。那么，我们假定，使用各种语言的一切作家都一致说，从 1600 年 1 月 1 日起的八天里，整个地球是完全黑暗的；再假定，对这件奇事的传说至今在人们中仍然是有力而生动的，一切从外国旅行回来的人，都向我们讲述了同样的传说，没有任何差异或矛盾。那么显然，我们现在的哲学家不应怀疑这个事实，而应把它作为确实的接受下来，应当寻找这件事由以产生的原因。由于有许多类似的情形，所以自然的衰败、毁坏和解体是很可能的事，以至于似乎有此灾难倾向的任何现象都属于人类证据的范围，如果这个证据是非常广泛和一律的话。

但如果我们假定，所有论述英国历史的历史学家都一致说，1600 年 1 月 1 日，伊丽莎白女王去世；她死亡前后的情形，如她那种地位的人常有的那样，都是她的医生和全体朝臣见过的；她的继承人被议会所承认和宣布；而且，她在被埋葬一个月后又出现了，重新即位，又统治英国三年。我必须承认，我对那么多奇怪的事情同时发生感到惊讶，但我没有任何相信如此奇事的倾向。我不怀疑她被宣称死了，不怀疑由此而来的其他许多公开的情节。我只是断定，她的死是假装的，她的死既不是、也不可能是真的。你会反驳我说，在这样一件重大事情上欺骗世人是困难的，几乎不可能；而且，这位著名女王是有智慧、有可靠判断力的，她从如此拙劣的诡计中很少甚至得不到任何好处。但是你的这些反驳是徒劳的。你说的所有这些也许会使我惊讶，但我仍要回答说，人的欺诈和愚蠢是十分常见的现象，我宁可相信这些最奇异事情是由他们共同策划的，而不承认对自然法则的如此明显的破坏。

如果我们把这个奇迹归于任何新的宗教体系，那么，用来欺骗各时代人的这类可笑故事就太多了，以至于这个情形本身就是证明其欺骗的充分证据，就足以使一切有理智的人否认这个事实，甚至不经任何进一步考察就否认它。人们把这个奇迹归于神，虽然神在此情况下是万能的，但由于上述理由，这个奇迹丝毫不会变得更可能，因为除了从我们在自然的通常进程中对神的作品的经验外，我们不可能知道这个神的属性或活动。于是，我们还是回到过去的观察上，我们不得不将人类证据中违反真实的事例，与奇迹违反自然法则的事例相比较，以判断它们中哪一个更可能、更具有或然性。因为违反真实的情形在关于宗教奇迹的证据方面要比关于其他任何事实的证据方面更常见，所以，这就极大削弱了前一种证据的权威，使我们形成了一个基本的决定，即不再给这种证据以任何注意，不论它可能用何种似是而非的借口来掩饰。

培根勋爵[①]似乎持有同样的推理原则。他说：“关于一切鬼怪，关于一切异常出生或产生的事情，总之，关于自然中一切新颖、罕见和异常的事情，我们都应当收集，或为它们编撰专史。但是，在做此事时，我们必须作最严格的调查，以免与真相不符。首要的是，对于以任何程度依赖于宗教的一切叙述，如李维所记叙的那些奇事，都应当认为是可疑的。而且，我们在自然奇术或炼金术作家的著作中发现的每件事情，或在无法抑制地喜欢欺骗和虚构的一切作家的著作中发现的每件事情，我们都应同样认为是可疑的。”[②]

我比较喜欢这里所说的推理方法，因为我认为它有助于挫败基督教的危险朋友或伪装的敌人，这些人根据人类理性的原则来捍卫基督教。可是，我们最神圣的宗教是建立在信仰上的，不是建立在理性上的；如果要对基督教进行揭示，一个可靠的办法就是使它经受它实际不适于承受的检验。为使这一点更清楚起见，让我们考察一下圣经上所说的那些奇迹；为了不使我们失之于涉及的范围太宽，让我们只限于在“摩西五经”中读到的那些奇迹，我们在考察时，将根据自称基督徒的那些人的原则，不把那些记载当作上帝自己的话或证据，而只当作一个人类作家或历史学家的作品。那么，我们在此首先是在思考一部书，这部书是由一个野蛮而愚昧的民族提供给我们的，是在

① 指英国经验论哲学家 F. 培根（1561—1626）。

② F. 培根：《新工具》，第二卷，箴言 29。——原注

他们更野蛮的年代写的，而且很可能是在所说的事情发生以后很久才写的，这些事情未经一致证据的证实，而且与每一个民族述说自己的起源时所作的那些寓言式的说明相似。读了这部书我们发现，它充满了奇闻逸事。它所说的世界和人性的状态与现在完全不同。它说到我们是从那个状态延续下来的；说到人的年龄达到将近一千岁；说到大洪水毁灭了世界；说到一个民族被任意选为上天所宠爱的民族，而且这个民族就是作者的民族；说到他们借助惊人的奇迹摆脱了困境。我希望任何一个人都把手放在胸前，经过认真思考后宣布，他是否认为，由这样一个证据所支持的一部书，它的虚假会比它所说的一切奇迹更离奇、更奇异。不论怎样，根据前面已经确立的或然性的标准，要使这部书被人们接受，它的虚假就必须比它所说的奇迹更离奇、更奇异。

我们对奇迹所说的话可以不加任何改变地用于说明各种预言上。的确，所有的预言都是真正的奇迹，而且之所以如此，只因为它们可以被允许作为对任何启示的证明。如果预言不能超出人性预断将来事件的能力，那么，把任何预言用作对上天的神圣使命或权威的证明，就是荒谬的。所以，我们总之可以得出结论说，基督教不但过去一开始就有奇迹相伴随，而且即使在当今，如果没有奇迹，任何有理性的人也不会相信它。理性单独不足以使我们相信它的真实。凡是受信仰的推动而赞成基督教的人，都会亲身意识到一个持续的奇迹，这个奇迹破坏了他的理智的一切原则，使他决心相信与习惯和经验极其相反的事情。

第十一章　论特殊的天意和来世*

最近，我同一位热爱怀疑主义谬论的朋友进行了一次谈话。在谈话中，他提出了许多我绝不会同意的原则，不过，这些原则似乎很奇妙，似乎与本研究中贯穿着的那条推理有某种关系，所以，在此我将凭记忆把它们尽可能准确地复述出来，以便将它们交由读者来判断。

我们的谈话一开始，我就对哲学独一无二的好运表示羡慕。因为哲学需要有超过其他一切特权的完全自由，它主要由于各种意见和论证的不受约束的互相反对而繁荣起来，所以，哲学是在一个自由、宽容的年代和国度里诞生的，在那时，即使是主张最狂妄原则的哲学，也没有受任何教义、教规或刑事法令的限制。除了普罗塔哥拉的流放和苏格拉底①的死（后者部分

---

* 《人类理智研究》于1748年出第一版时书名为《人类理智哲学论》，其中本章的标题是“论自然宗教的实践后果”（Of the Practical Consequences of Natural Religion），后来改为现在的标题。

① 普罗塔哥拉（前481—约前411）和苏格拉底（前469—前399）都是古希腊著名哲学家。

上是由于其他原因造成的）之外，在古代历史上几乎没有碰到当代常见的那种顽固妒忌的事例。伊壁鸠鲁[①]在雅典和平而安静地活到高龄；伊壁鸠鲁派信徒甚至被允许得到祭司的资格，允许在国教最神圣祭礼的祭坛上行祭司之职。[②]罗马皇帝中最英明的人则同样把年金和薪金公开奖励给各派哲学的讲授者。[③]如果我们想到，即使在当今，当哲学被认为比较强壮结实的时候，它仍然十分艰难地承受着四季的恶劣天气和向它吹来的强烈诽谤和迫害之风，那么，我们就不难想象，在哲学的幼年时期，给它那样一种宽厚的对待是非常必要的。

我的朋友说，你所羡慕的哲学的独一无二的好运，似乎是由事物自然而然的过程引起的，在各个时代和各个国家都是不可避免的。你所抱怨的对哲学有致命危害的那种顽固的偏执，实际上是哲学的儿子，它在同迷信结盟之后，就完全与母亲的利益割断了，成为它母亲的最顽固的敌人和迫害者。宗教的思辨教义现在引起了激烈的争论，这些教义在世界之初的年代，是根本不能想象或允许的。在那时，人类完全不识文字，因此，他们形成的宗教观念比较适合于他们孱弱的理解力，他们的神圣信条主要是由作为传统信念的对象的那些故事构成的，而不是由论证和争论构成的。因此，由哲学家新颖的悖论和原则引起的恐慌过去之后，在此后的古代，这些教师们似乎一直与已经确立的迷信和睦相处，而且使人类公平地分为两部分，分别

---

① 伊壁鸠鲁（前 341—前 270），古希腊著名哲学家。

② 见琉善的《闹宴》或《阿庇泰人》。——原注

③ 见琉善的《宦官》。——原注

归附于他们和迷信，前者拥有全部有学问有智慧的人，后者则控制了所有粗俗没有文化的人。

我说，至此你似乎完全没有谈到政治，你没有假设，一个有智慧的官吏会正当地提防某些哲学信条，诸如伊壁鸠鲁的那些信条。由于伊壁鸠鲁的信条否认神圣的存在，并因而否认了天意和来世，所以它极大地松懈了道德的约束力，根据这个理由，我们可以认为它对文明社会是有害的。

他回答说，我知道，事实上，在任何年代这些迫害都不是由平静的理性来的，也不是从对哲学的有害后果的经验来的，而完全是由感情和偏见引起的。如果我进而断言，假如伊壁鸠鲁受到那时的谄媚者或告密者的当众指控，他很容易为自己的事业辩护，并证明他的哲学原则是有益的，与热心于使公众忌恨他的那些反对者的原则同样有益，那么，我作此断言又有什么不可以呢？

我说，我希望你在如此特别的题目上尝试一下你的辩才，做一篇支持伊壁鸠鲁的演说，这篇演说也许不会使雅典的暴民满意，如果你承认在那个古代的文明城市也有任何暴民的话，但或许能使那时比较有哲学头脑的那部分听众满意，诸如我们假定能够理解伊壁鸠鲁的论证的那些人。

他回答说，照此条件，这件事并不困难。如果你愿意，我假定我暂时就是伊壁鸠鲁，你代表雅典人民，我将向你发表一篇长篇大论，这篇长篇大论将使雅典人民投票赞成我，而不会有任何反对票使我的敌人的恶意得到满足。

好吧，那就请你按照这些假设来进行吧。

哦，各位雅典人哪，我到此来是要在你们的大会上为我在我的学校中所主张的学说进行辩护，而且，我发现我是在受暴怒的反对者的指责，而不是与镇静而无偏见的研究者进行推理。你们的考虑按理说应当用在有关公共福利和社会利益的问题上，可是现在却转移到对思辨哲学的研究上，这些庄重然而也许无效的研究把你们比较熟悉比较有用的职业取代了。不过，我将尽力防止这样滥用我们的研究，在此我将不争论有关各种世界的起源和管理问题，我将只研究此类问题与公众利益有多大关系。如果我能使你们相信，这些问题与社会的和平和政府的安全完全无关，那么，我希望你们立刻就把我们送回我们的学校，我们将在那里从容不迫地考察那个最崇高的同时又是一切哲学中最具思辨性的问题。

宗教哲学家不满意你们前人的传统和你们的僧侣的学说（对这些学说我是默认的），他们纵情于一种轻率的好奇心，要尝试在多大程度上能把宗教建立在理性的原则上，而由此他们不但没有消除，反倒引起了由勤奋详尽的研究所自然而然产生出的疑虑。他们用最绚丽的色彩描绘宇宙的秩序、美丽和明智的安排，然后问道，如此光荣地展现出的智慧，是否能出自原子的偶然会合？或者说，连最伟大的天才也赞赏不尽的东西，是否能偶然产生出来？我将不考察这个论证的正当性。我将承认它像反对和谴责我的人所能期望的一样可靠。我将满足于做到以下几点，即如果我恰恰能从这个推理证明，这个问题完全是思辨性的，而且，当我在自己的哲学研究中否认了天意和来世，我并没有破坏社会的根基，而只是提出了一些原则。如果反对和谴责我的人所进行的论证是连贯一致的，他们自己依据他们本人的论点也一定会承认，这些原则是可靠的和令人满意的。

作为谴责我的人，你们已经承认，对于神圣的存在（对此我从来没有疑问）的主要或唯一的证明是从自然的秩序引出来的；自然的秩序中显示出智慧和设计的明显迹象，以至于你们会认为，要把它的原因归于机会，或归于物质的盲目而无指导的力量,那是很放肆的。你们承认,这是从结果推出原因的论证。你们从作品的秩序推断，作品的制造者必定有对作品的规划和预想。你们承认，如果你们不能得出这个观点，你们的结论就站不住；你们还承认，并不妄求在比自然现象证明为恰当的更大范围内确立这个结论。这些都是你们同意的。我请你们注意它们的结果是怎样的。

当我们从一个结果推断任何特定的原因时，我们必须使原因与结果成比例，我们只能允许将恰好足够产生那个结果的性质归于那个原因。放在天平一头的一个十盎司物体升起来，可以证明天平另一头的砝码超过十盎司，但绝不能以此为理由说那个砝码超过一百盎司。如果我们为任何结果所指定的原因不足以产生那个结果，我们要么必须抛弃那个原因，要么必须为那个原因增加一些性质，使它与那个结果适成比例。但如果我们将更多的性质归于那个原因，或断言它能产生其他一些结果，那我们只能是滥加猜测，只能是没有任何理由或根据地任意假设一些性质和能力的存在。

不论我们所指定的原因是无感觉、无意识的物质，还是有理性、有智慧的存在，这个规则同样适用。如果原因只有根据结果才能知道，那么，除了产生那个结果所必须的性质外，我们不应再将任何其他的性质归于那个原因。我们也不能根据任何正当的推理规则从原因返回，在我们知道这个原因时所唯一依据的那些结果以外，从这个原因再推出任何别的结果。任何人都不会只看到佐克塞斯（Zeuxis）[①]的一幅画，就知道他还是一位雕塑家或建筑家，而且他在石头和大理石的处理方面与色彩的处理方面同样是熟练的艺术家。他的才能和情趣在我们面前的这件作品中表现出来，我们可以有把握地说，这些才能和情趣是这件作品的制作者所具有的。原因必须与结果成比例；如果我们精确地使原因与结果成比例，我们就不会在结果中发现任何其他一些性质，这些性质指示着更多的东西，使我们推出其他的设计或活动。这样的性质一定超出了为产生我们所考察的结果所完全必须的那些性质之外。

因此，如果我们承认诸神是宇宙的存在或秩序的创造者，那么就得出，他们具有恰如他们的作品所表现出来的那种程度的能力、智慧和仁慈，此外我们不能进一步证明任何东西，除非我们引入夸张和谄媚来弥补论证和推理的缺陷。任何属性的迹象当下表现到何种程度，我们就可以在何种程度上断定这些属性的存在。对其他属性存在的推测，只不过是一个假设。如果我们推测，在遥远的地区或遥远的时候，这些属性已经或将要比较壮观地表现出来，而且已经或将有一个管理体制，比较适合于那些想象中的优点，那么，这个推测就更是假设了。我们绝不会被允许从作为结果的宇宙上推到作为原因的朱庇特[②]，也不会被允许再返回来，从那个原因下推出任何新的结果，就好像单凭现在的结果不能完全配得上我们归于那个神的光荣属

---

① 佐克塞斯，公元前 5 世纪的古希腊画家。

② 朱庇特，古罗马神话中的主神。

性似的。关于原因的知识只能从结果来，所以，原因和结果必须互相精确适应，除此以外，它们不能指示任何其他的东西，不能作为任何新的推断和结论的根据。

你们在自然中发现了某些现象。你们寻找它们的原因或创造者。你们想象你们已经找到了他。后来你们变得非常倾心于你们头脑中的这个产物，以至于你们想象，他一定能造出比现在这个充满罪恶和混乱的事物景象更伟大、更完美的东西来。可是你们忘记了，这个至上的智慧和仁慈完全是想象出来的，至少没有任何理性的根据，而且，除了你们所见到的他在其作品中实际运用或展示出的东西外，你们没有理由再赋予他任何其他的性质。哦，诸位哲学家啊，因此你们应当让你们的神适合于当前的自然现象，而不是擅自按照任意的假设改变这些现象，以使之适合于你们喜欢赋予神的那些属性。

哦，各位雅典人哪，由你们的权威所支持的僧侣和诗人，谈论起在当前罪恶而悲惨的状况以前的黄金时代或白银时代时，我是洗耳恭听的。可是，当那些自称漠视权威，自称要培植理性的哲学家们作同样谈论时，我承认，我对他们没有同样的谄媚和恭顺。我要问：是谁将他们带到天界中去的，是谁允许他们进入诸神的会议中去的，是谁向他们打开了命运册，使他们轻率地断言，他们的神在实际表现出的意图之外，还有别的意图已经实施或将要实施？如果他们告诉我说，他们那样断言是建立在理性的步骤上的，或根据理性逐步上溯的，是根据由果及因的推断来的，那么，我仍然坚决认为，他们是用想象的翅膀来帮助理性上升的，否则他们不可能这样改变他们的推论方式，从原因来证明结果。因为这时他们假设，一个比当今世界更完美的作品更适合于神这种完善的存在，他们忘记了，除了能在当今世界发现的东西外，他们没有理由将任何完善性或任何属性赋予这些神圣的存在。

因此，为说明自然的不良现象和为拯救诸神的荣誉所做的一切辛勤努力都是无效的，同时我们必须承认，世界中充满的那种罪恶和混乱是实在的。我们被告知说，使朱庇特的能力和仁慈受到抑制，迫使他把人类和一切有理智的生物造就得那样不完美、不幸福，唯一的原因就是物质的顽固不化的性质，就是对于普遍法则的遵守，以及诸如此类的缘由。于是，朱庇特的那些属性似乎事先就在最大范围内被认作是当然的了。根据这个假设，我承认，这样的猜测也许可以认为是对自然的那些不良现象作出了似乎合理的解释。但是，我仍然要问：为什么要把那些属性认作是当然的，或者说，为什么除了在结果中实际出现的性质以外，还要把别的性质归于那个原因呢？你们也知道，这些假设可能完全是想象的，在自然的进程中也未发现它们的任何迹象，那我们为什么要绞尽脑汁根据这些假设来为自然的进程辩护呢？

因此，我们应当把宗教的假设只看成用来说明可见的宇宙现象的一个特殊方法，而且，进行正确推理的人不会妄自从这个假设来推断任何单个的事实，也不会在任何个别方面改变那个现象，或对它有所增加。如果你们认为，事物的现象证明了那样一些原因，那么，你们也可以对那些原因的存在作一推断。在如此复杂而崇高的题目上，每一个人都会尽情地自由猜想和论证。不过，你们在此应当止步。如果你们退回来，根据你们已经推断出来的原因作论证，从而断言说，在自然的进程中已经有别的某个事实存在着或将要存在，它可以把一些特殊的属性比较充分地展示出来，那么，我必须告诫你们：你们已经违反了与当前题目相关的推理方法，你们除了结果中出现的属性以外，肯定对原因的属性又做了增加，否则，你们不会在尚明事理或处事还算得当的情况下，为了使结果更配得上原因，而对结果做了增加。

那么，我在我的学校中讲授的那个学说，或更确切地说，我在我的花园里所考察的那个学说，它的可憎之处又在哪里呢？在这整个问题中，你们发现与维护良好道德，或与社会的和平和秩序有丝毫关系的事情了吗？

你们会说我否认了天意，否认了世界的最高统治者，而这位统治者指导着事件的进程，在人的全部事业中，他用臭名和失望来惩罚恶人，用荣誉和成功来奖赏善人。不过，我肯定没有否认每一个人都可以进行研究和考察的那些事件的进程本身。我承认，在事物当前的秩序中，心灵的安宁是伴随着德的，而不是伴随着恶的，德比较乐于为世人所接受。我知道，根据人类过去的经验，友谊是人生的主要乐趣，中庸（moderation）是平静和幸福的唯一源泉。我从来没有在有道德的生活和罪恶的生活之间游移。而且我知道，对于一个善意的心灵来说，一切利益都是在有道德的生活一边的。我承认了你们所有这些假设和推理，你们还能有什么别的可说呢？的确，你们告诉我说，事物的这种安排是出自于智慧和设计。但是，不论这种安排出自于什么，我们的幸福和痛苦所依赖的，因而也是我们生活中的行为举止所依赖的这种安排本身，仍然是同样的。同你们一样，我仍然可以根据我对过去事情的经验来规范我的行为。如果你们断言，既然我们承认神圣的天意，承认宇宙中有至上分配的正义，那么，我就应当期待在事件的通常进程之外，给善人以某种比较特殊的奖赏，给恶人以某种比较特殊的惩罚。但是，我在此看到了与我在前面努力发现的同样的错误。你们一味地想，如果我们承认你们所热心主张的神圣的存在，那么，根据你们赋予诸神的属性所作的论证，你们就可以稳妥地由神圣的存在推出一些后果，并在已被经验到的自然秩序上增加某种东西。可是，你们似乎忘记了，你们关于此论题的一切推理，只能是从结果到原因。而且，从原因推演出结果的每一个论证，必然是十足的诡辩，因为除了你们以前在结果中充分发现而非推断出来的东西以外，你们不可能知道原因的任何情形。

那些自负的推理者不把事物当前的情景当作他们思考的唯一对象，而是颠倒了自然的整个进程，使今生仅仅成为通往某个更遥远东西的过道；仅仅成为引向一幢大相径庭、更加雄伟的建筑的入口；仅仅成为一出戏的序幕，其作用只是给这出戏作导引，以使它更加优美、更加合宜。对于这些自负的推理者，一位哲学家应作何想法呢？你认为这样一些哲学家能从哪里得到诸神的观念呢？他们一定是从他们自己的幻想和想象中得到诸神的观念的。这是因为，假如他们是从当下的现象得到那个观念的，那个观念一定与这些现象精确对应，而不会指示出任何进一层的东西。神可能具有一些我们未见其发挥出来的属性，神可能受一些我们未能见其实现的活动原则的支配，对此我们尽可以全部承认。但是，这仍然只是一种可能性和假设。除了我们知道神已经发挥出来的属性和已经实现的活动原则外，我们不可能有任何理由推断神的其他任何属性或活动原则。

世界上是否有分配正义的任何迹象呢？如果你们作肯定的回答，那么，我断定说，既然正义在此行使出来了，它就是被实现了。如果你们作否定的回答，那么，我断定说，既然如此，你们就没有理由将我们所说意义上的正义归之于诸神。如果你们说，诸神的正义现在行使了一部分，并没有全部行使出来，并以这种说法在肯定和否定之间保持中庸，那么，我回答说，除了你们仅仅见到的正义现在行使的范围外，你们没有理由给正义以任何特定的行使范围。

哦，各位雅典人哪，那么由我将这个争论同我的反对者作一个简短的结束吧。我和他们一样，都可以对自然的进程进行思考。我们所经验过的一连串事件，就是我们大家规范我们行为所依据的伟大标准。除此以外，不论在战场上还是在议会中，我们没有任何别的东西可以凭藉；不论在学校里还是在个人的书斋中，我们也不应倾听任何别的东西。这些界限对于我们所喜爱的想象来说是太狭窄了，而我们有限的理智要打破这些界限也是白费力气。我们根据自然的进程进行论证，并推断出一个特殊的有智慧的原因，它起初设置了宇宙的秩序，然后又保持这个秩序，我们这样论证和推断时，奉行了一个既不确实又无用处的原则。它之所以是不确实的，是因为这个题目完全在人类经验的范围之外。它之所以是无用的，是因为既然我们关于这个原因的知识完全是从自然的进程来的，根据正确的推理规则，我们从这个原因返回时就不能带有任何新的推断，不能在通常的、我们所经验过的自然进程上作任何增加，以确立任何新的行动和行为原则。

（我见他已经结束了他的长篇大论，我就说）我看你倒是注意了古代煽动者的技巧；当你欣然地让我代表雅典人民，你却又接受了你知道我一向表示有特殊喜好的那些原则，借此你潜移默化地得到我的好感。但是，即便你把经验当作（我确实认为你应当把它当作）我们对此事以及其他一切事实问题的唯一判断标准，我仍不怀疑，恰恰从你所诉诸的同样经验出发，可以驳倒你借伊壁鸠鲁之口说出的那个推理。例如，如果你看到一幢半完工的建筑，周围堆放着砖石、泥灰和一切建筑工具，你能不由这个结果推断它是一件有规划、有设计的工作吗？难道你不能再返回来，由这个已经推断出的原因再进行推断，在那个结果上增加新的东西吗？难道你不能得出结论说，这幢建筑将很快完工，它将用一切可用的技艺进一步加以完善吗？如果你在海边看到人的一只脚的印迹，你就会得出结论说，一个人曾经走过这里，而且他还留下了另一只脚的印迹，尽管这些印迹已经被流沙或水的冲刷抹去了。那么，你为什么不允许在自然的秩序问题上采取同样的推理方法呢？如果把世界和今生只当作一幢未完成的建筑，你可以由这幢建筑推断出一个卓越的智慧，从这个卓越的智慧不会让任何事物不完善这一点进行论证，你为什么不能推断出一个更完美的、将在某个遥远的时间或地点被完成的方案或计划呢？这些推理方法不是精确相似的吗？而你能用什么借口接受一个而拒绝另一个呢？

他回答说，这里所讨论的题目有无限的差异，这是我的结论之所以有那种差异的充分根据。在人类的艺术和设计作品中，允许从结果上推到原因，允许从原因返回，对结果形成新的推断，并且考察结果也许已经发生的变化，或可能要发生的变化。这个推理的根据是什么呢？这个根据显然是这样的：人是我们只凭经验而知的存在物，他的动机和计划也是我们所熟悉的，按照自然为支配人这种生物所确定的法则，他的目的和倾向有某种联系和一贯性。因此，当我们发现任何作品是出自人的技艺和劳作，由于我们在别的方面熟悉人这种动物的本性，所以对于从他那里可能期待到的事情，我们可以作出成百次的推断，这些推断将全部以经验和观察为根据。但是，如果我们只根据我们所考察到的单独一件作品或产品来了解人，那么，我们就不能以这种方式来论证，因为在那种情况下，我们只从那个产品得知我们归之于人的一切性质，所以，那些性质不能指示任何进一层的东西，或作为任何新的推断的基础。如果我们单单对沙滩上的一个脚印进行考察，这个脚印只能证明那里有与那只脚相适合的某个形相，它是由那只脚造成的。但是，从我们的其他经验来看，一个人脚印还可以证明，很可能还有另一只脚，它也留下了印迹，尽管这个印迹由于时间或由于其他情形被抹掉了。在此我虽然从结果上推到原因，然后又从原因下推出结果中的变化，但是，这并不是单纯同一串推理的继续。在这个事例中，我们把有关人这种动物的通常形相和肢体的成百次的其他经验和观察都包括进来了，如果没有这些经验和观察，这种推理方法就应当被看成是荒谬的、诡辩的。

我们从自然作品出发所作的推理与上述情况不同。神只通过其作品为我们所知，而且神是宇宙中单一的存在，他不包括在任何物种之下，所以我们不能借助类比，从那些物种已被经验到的属性或性质推断他的任何属性或性质。由于宇宙表现出智慧和善意，所以我们就推断出智慧和善意。由于宇宙将这些完美属性以特定的程度表现出来，我们就推断出特定程度的完美属性，与我们所考察的结果精确相合。但是，对于除此之外的其他属性，或者同样属性的更大程度，根据正确推理的任何规则，都不允许我们推断或假设。既然不许可作这样的假设，那么，除了我们直接观察到的东西外，我们不能从原因进行任何论证，或推断结果中的任何变化。如果这个神造出较大的善，必定证明他有较大程度的善意。如果这个神进行比较公正的赏罚分配，那必定是出于他对正义和平等的较大的关注。我们凭假设在自然作品上所做的每一项增加，也使自然的创造者的属性得到增加。由于我们凭假设对自然作品的增加完全得不到任何理性或论证的支持，所以我们不能承认它，只能把它当作猜测和假设。[①]

① 我认为，一般而言，可以确立如下一条公理：如果任何原因只是借其特定结果而被我们所知，那么，从这个原因一定不能推出任何新的结果，因为能把原先结果和新结果同时产生出来所必不可少的性质，要么一定与只产生原先结果（据假定，我们单从这个结果而知道那个原因）的那些性质不同，要么它们就是更高级的，或者有更广泛的作用。因此，我们没有任何理由假设那些性质的存在。如果说新的结果产生出来，只是由于我们从原先结果已经知道的那同一个能力继续起作用，那么，这个说法也不能去掉这里的困难。因为即使我们承认情况是如此（人们几乎不会如此来假设），一个相似能力（因为一个能力的绝对相同是不可能的）继续发挥作用，我是说，一个相似能力在不同的空间和时间发挥作用，仍是一个非常任意的假设，而且我们关于那个原因的一切知识最初都是从一些结果来的，而在这些结果中也不可能有那个能力继续发挥作用的任何迹象。假定我们所推断的原因与我们所知道的结果精确成比例（实际应如此），那么，这个原因不可能具有任何那样的性质，使我们能从中推断出新的或不同的结果来。——原注

我们在此题目上所犯的错误，以及我们无限制地放纵猜测，其重大根源就是我们默认自己处在至上神的地位，并且断定，不论何时，他都会按照我们自己在他的情况下认为合理而适宜的同样行为行事。可是，自然的通常进程可以使我们相信，几乎控制着每件事情的那些原则和公理，与我们的很不相同。除此以外，我是说，除此以外，要从人的意向和计划推出与人大不相同、比人优越万分的一个神的意向和计划，那必定明显违背了一切类推规则。人性中存在着设计和倾向方面的某种一贯性，这是我们所经验到的，以至于当我们从任何事实发现了某个人的一个意向，我们往往就可以合理地从经验推断他的另一个意向，并得出关于这个人过去和将来行为的一长串结论。但是，这个推理方法不能用于一个非常遥远而不可理解的神，神与宇宙中的任何其他存在物都很少相似，甚至远不如太阳与蜡烛之间的相似。神只借某些模糊的迹象或轮廓向我们显现出来，除此之外，我们没有任何根据赋予他任何属性或完满性。我们所想象的较为完满的东西，也许实际是一个缺陷。假如它果真是非常完满的，而在这个至上存在者的作品中实际又没有充分地发挥出来，我们就将它归之于至上的存在者，那与其说是具有恰当推理和健全哲学的意味，还不如说是有奉承吹捧的味道了。因此，世界上的一切哲学和无非是哲学之一种的一切宗教，都不能使我们超出经验的通常过程之外，它们给我们提供的行动和行为准则，不能与我们对日常生活的反省所提供的准则不同。除了通过实践和观察已经知道的事情外，从宗教的假设中不能推断出任何新的事实，不能预见或预言任何事件，不能期待任何奖赏或畏惧任何惩罚。所以，我为伊壁鸠鲁的辩护看起来仍然是可靠的、令人满意的；社会的政治利益与形而上学和宗教方面的哲学争论没有任何关联。

我回答说，还有一个情节你似乎忽略了。虽然我应同意你的前提，但我必须否定你的结论。你下结论说，宗教的学说和推理对生活可能没有任何影响，因为它们应当没有任何影响。你没有考虑到，人们并非用与你同样的方式来推理，他们从对神圣存在的信念中引出很多推断，并假设神将在自然的通常进程中出现的东西之外，对恶施加惩罚，对德授予奖赏。他们的这个推理正确与否并不重要，它对他们的生活和行为的影响却一定是相同的。有些人试图使他们去掉这些偏见，这些人也许是优秀的推理者，但我不能承认他们是优秀的公民和政治家，因为他们使人们的感情免除了一种约束，使人们能在某一方面比较容易、比较安全地违反社会的法律。

你提出了一个拥护自由的普遍结论，我也许最终会同意这个结论，尽管我所依据的前提，与你努力使它依据的那些前提不同。我想，国家应当对哲学的一切原则予以宽容，任何政府由于对哲学原则的这种宽待而在政治利益上受损的事例，还未曾有过。哲学家中不存在狂热，他们的学说对民众并无很大的诱惑力。对他们的推理不能加以阻止，只有那样一些推理除外，那些推理由于在大多数人比较深切关注的观点上，为迫害和压迫铺平了道路，所以必定对科学，甚至对国家有危险的后果。

（我继续说道）但是，对于你的主要论题，我想到了一个困难，我将只把这个问题向你提出来，并不坚持要解决它，以免导致那种过于细致入微的推理。总之，我很怀疑一个原因是否能仅仅根据其结果而被知道（就如你们一直假设的那样），它是否能具有十分单一而特殊的性质，以至于与我们所观察到的任何其他原因或对象都不相同、都不相像。只有当我们发现两类对象恒常会合在一起的时候，我们才能从一个推断另一个。如果一个结果被呈现出来，它完全是单一的，不能包括在任何已知的一类对象下，那么，我看不出我能对它的原因形成任何猜测或推断。如果经验、观察和类比确实是我们在此类推断中能够合理遵循的唯一指导，那么，这里的原因和结果必须与我们知道并且我们在许多事例中发现互相会合在一起的其他原因和结果相似和相像。对于这个原则的后果，我留给你们用自己的思考去追索。我将只说，因为伊壁鸠鲁的反对者总是假设宇宙证明了神的存在，而且宇宙是完全单一无双的结果，神是同样单一无双的原因，那么，就这个假设而言，你的推理似乎至少是值得我们注意的。我承认，这里有某种困难，那就是，我们如何能从原因返回到结果，如何能从我们的原因观念进行推理，从而推断出结果中的任何变化或增加。

第十二章　论学园派的或怀疑论的哲学

第一节

在对任何题目的哲学推理中，出现最多的就是证明神的存在和驳斥无神论者之荒谬的那些推理。可是，大多数宗教哲学家仍然在争论是否一个人能被蒙蔽到如此地步，以至于成为一个思辨的无神论者。我们应怎样调和这些矛盾呢？一个游侠骑士四处游荡，想要把恶龙和巨人的世界清除干净，他丝毫也未怀疑这些怪物的存在。

怀疑论者是宗教的另一个敌人，他自然会激起一切神学家和比较严肃的哲学家的义愤，尽管可以确信，任何人都不曾遇见如此荒谬的人，都不曾与一个对任何有关行为和思辨的题目没有任何观点或原则的人进行交谈。这就产生了一个很自然的问题：所谓的怀疑论者是指什么？那些具有怀疑和不确定性的哲学原则可以推进到何等地步？

有一种先行于一切研究和哲学之前的怀疑主义，它是笛卡尔等人大肆灌输的，把它当作防止错误和仓促判断的至上良药。

它提倡一种普遍的怀疑，不仅怀疑我们以前的一切观点和原则，而且怀疑我们的各种官能；他们说，我们必须从不可能虚妄、不可能骗人的某个原始原则出发进行一系列推理，才能确信我们的那些观点、原则和官能的真实性。可是，我们并没有这样一个比其他自明而可信的原则有更大特权的原始原则。即使我们真有这样的原始原则，我们要超出它一步，也只能运用我们认为已经不可信的那些官能。因此，笛卡尔的怀疑假如真能为任何人所达到（实际上显然是不能达到的），它就会是完全不可救药的，任何推理都不能使我们对任何题目达到确信。

不过，必须承认，这种怀疑主义在比较适中的时候，可以从十分合理的意义上来理解，由于它使我们在判断中保持恰当的公正，使我们的思想抛弃了我们可能从教育或轻率之见中得到的一切偏见，所以，它对哲学研究是一个必要的准备。从一些清晰、自明的原则开始，以小心稳妥的步骤前进，反复检查我们的结论，精确考察它们的一切后果，虽然我们用这些方法在我们的体系中将取得的进步既缓慢又微小，但它们是我们有望达到真理，并且使我们的各项决定具有恰当的稳固性和确定性的唯一方法。

还有另一种怀疑主义是在科学研究之后来的，这时，人们应发现他们的心智官能是绝对靠不住的，或者发现在他们平常探讨的一切新奇的思辨题目中，那些官能不适于达到任何确定的决定。有一类哲学家甚至对我们的感官也提出疑问，日常生活的准则也受到同样的怀疑，就如形而上学和神学中最深奥的原则或结论受到怀疑那样。这些从反面来论证的信条（如果能将它们称作信条的话）可以在某些哲学家那里看到，也有几个哲学家对之反驳，所以，这些信条就自然而然激起我们的好奇心，使我们研究它们可能依据的那些论证。

我并不一定要研究各时代怀疑论者用来反对感觉经验证据的那些比较陈腐的论点，诸如从我们的器官在许多情况下的不完善和不可靠中得出的论点：桨在水中看上去是弯曲的；物体依不同的距离显出不同的样子；压迫一只眼睛可以引起双像；以及许多其他类似的现象。这些怀疑论的论点实际上只足以证明我们不能绝对信赖我们的感官，我们应当用理性来纠正感官的证据，而且应当对媒介物的性质、对象的距离、我们器官的配置进行思考，用这些思考来纠正感觉经验的证据，使它们在自己的范围内成为真理和谬误的恰当标准。还有另一些更深奥的反对感官的论证就没法那么容易地解决了。

似乎很明显，人是由于自然的本能或偏见而信任他们的感官的，而且不需要任何推理，甚至几乎在运用理性之前，我们就一直假设有一个外在的宇宙，它不依赖于我们的知觉，即使我们以及一切有感觉的生物都不在或被消灭了，它也会存在。甚至动物也被同样的意见所支配，在它们的一切思想、设计和活动中都保持着对外界对象的这种信念。

似乎也很明显的是，当人们遵循这种盲目而强大的自然本能时，他们总是假设由感官呈现的影像只是外界对象的表象。这张桌子，我们看它是白的，触摸它是硬的，我们相信它不依赖于我们的知觉而存在，相信它是在我们那个对它进行知觉的心灵之外。我们在场，不能赋予它以存在，我们不在场，也不能将它消灭。它一律而完整地保持它的存在，与对它进行知觉或思考的有理智生物的状况无关。

不过，对于一切人所具有的这种普遍而原始的意见，只要稍加哲学思考，就可以马上将它摧毁。哲学教导我们说，除了影像或知觉以外，任何东西都不能呈现于心灵，而且感官只是传达这些影像的入口，它们不能在心灵和对象之间造成任何直接的交流。虽然我们所见的桌子在我们离开它时似乎变小了，但是，不依赖于我们而存在的那张实在的桌子，并没有发生变化。因此，呈现于心灵的不是别的，只是桌子的影像。这些是理性明白指示出的。任何进行反思的人都不会怀疑，当我们说这幢房子和那棵树时，我们所考虑的存在物不是别的，只是心中的知觉，是对其他一致而独立的存在物的短暂的摹本或表象。

至此，通过推理，我们不得不反对或违反自然的原始本能，并接受关于我们感官证据的一个新的体系。但是，在这点上，当哲学要证明这个新体系的正当性，并排除怀疑论者的挑剔和反驳时，哲学发现自己遇到了极大的麻烦。它不能再为无误而不可抗拒的自然本能辩护，因为那就把我们引到一个完全不同的体系，这个体系被公认为是靠不住的甚至是错误的。要用一串清楚可信的论证，或哪怕用任何貌似论证的东西来证明这个妄称的哲学体系的正当，都超出了一切人类具有的能力。

我们用什么论证能证明心中的知觉必定是由尽管与之相像（如果这是可能的话）然而完全不同的外界对象引起的呢？我们用什么论证能证明它们不能由心灵本身的能力引起，也不能由某个看不见的、未知的精神所作的暗示引起，也不能由更不为我们所知的别的某个原因引起呢？人们承认，实际上这些知觉中的许多都不是由任何外界的东西引起的，比如在梦中，在疯狂时，以及在其他疾病时的知觉。人们假设物体和心灵实体在性质上是十分不同甚至是相反的，所以，物体以什么方式作用于心灵，以把自己的影像传递给心灵实体，这是最难解释的事情。

感官知觉是否由与之相像的外界对象所产生，这是一个事实问题，对这个问题如何来确定呢？当然靠经验，如同其他一切类似问题一样。可是，在这里，经验是而且一定是完全默不作声的。呈现给心灵的，没有别的，只有知觉，因而心灵不可能经验到知觉与对象的联系。因此，对这样一种联系的假设是没有任何推理根据的。

如果为了证明我们的感官的真实性而求助于至上的存在者，那肯定是在出乎意料地兜圈子。假如至上存在者的真实性果真与这件事有关，那么，我们的感官本应是完全无误的，因为至上存在者不可能是骗人的。更不用说，一旦我们对外部世界也有怀疑，那么，对于证明那个存在者的存在或任何属性的论证，我们也将茫然找不出来了。

因此，在这个论题上，当比较深奥、比较有哲学意味的怀疑论者努力将普遍的怀疑带到有关人类知识和研究的一切题目上时，他们将是永远胜利的。他们会说，你遵循自然的本能和倾向来同意感觉经验的真实性吗？那么，这些本能或倾向会使你相信知觉或可感的影像就是外界的对象。你放弃这个原则，以便接受一个比较合理的意见，把知觉只当作外界事物的表象吗？那么，你这里又背离了你的自然的倾向和比较明显的情感[①]，而且你仍不能满足你的理性，理性未能从经验中发现任何可信的论证，来证明知觉与任何外界对象联系着。

---

①“比较明显的情感”，指你比较真实和自然相信的东西。

还有另一个相似的怀疑论论题，是从最深奥的哲学中引出来的。如果为了发现几乎没有任何重大意义的论证和推理，必须进行这样深入的研究的话，这个论题也许值得我们的注意。现代的研究者普遍承认，对象的一切可感的性质，诸如硬、软、热、冷、白、黑等，只是次生的性质，它们不存在于对象本身中，而只是心灵的知觉，它们不表象任何外界的原型或模型。如果我们对于次生的性质承认了这种说法，那么，对于我们所假定的广延和固体性等原始的性质也必须承认这种说法。前者没有资格冠以原始性质之名，后者也没有资格冠以原始性质之名。广延的观念完全是从视觉和触觉得来的，如果由感官所觉察的一切性质都在心灵中，不在对象中，那么，同样的结论必定适用于广延的观念，因为广延的观念完全依赖于可感的观念或次生性质的观念。我们无法免于这个结论，除非我们断言，那些原始性质的观念是通过抽象得到的。如果我们对这个观点作精确的考察，我们将发现它是难以理解的，甚至是荒谬的。一个既不可触亦不可见的广延是无法想象的；一个可触或可见的广延，若说它既非硬亦非软，既非黑亦非白，那也同样超出了人类的想象。让任何人试着构想一个普遍的三角形，它既不是等边的，亦不是不等边的，各边也没有特定的长度和比例，那么，他马上会觉察到关于抽象和普遍观念的一切经院概念的荒谬。①

① 这个论证是从贝克莱博士（Dr. Berkeley）那里引来的。的确，这位非常机敏的作者的大部分著作，构成了包括培尔（Bayle）在内的古今哲学家中所能发现的最好的怀疑主义教材。不过，他在著作的题页上（无疑很真实地）表白说，他写他的书既是反对无神论者和自由思想者的，也是反对怀疑论者的。然而，他的论证虽然别有所图，但实际上仍只是

于是，对于感觉经验的证据或者对于外界存在物的信念（opinion）[①]，首先的哲学反驳就在于，如果这样的一个信念依赖于自然的本能，它就是与理性相反的；如果将它归诸理性，它就与自然的本能相反，同时它也并未带来使一位公正的研究者信服的合乎理性的证据。其次的哲学反驳又进了一步，它把这个信念描述成与理性相反的：至少来说，如果它是理性的原则，那么，一切可感的性质都在心灵中，而不在对象中。如果使物质失去其一切可理解的性质，不论是原始的性质还是次生的性质，那么，你就在某种意义上将它消灭了，只留下我们所不知道的、不可解释的某种东西，作为我们知觉的原因。这是一个很不完善的概念，以至于任何怀疑论者都认为不值得去反驳它。

第二节

要用论证和推理来摧毁理性，似乎是怀疑论者的一个非常狂妄的企图，然而也是他们进行一切研究和争论的广阔领域。他们力图找到一些反驳理由，既用来反对我们的抽象推理，也反对关于实际事情和存在的那些推理。

反对一切抽象推理的主要理由是从空间和时间的观念来

怀疑主义的，对此可以从下面一点看出来：那些论证不容许任何回答，也不产生任何确信。它们的唯一作用就是引起一时的惊异、犹豫和混乱，而这些正是怀疑主义的结果。——原注

① 在西方哲学中，opinion 有时用作与 belief（信念）同义。

的。在日常生活中不经意地看，这些观念是非常清楚、非常容易理解的，但是，当它们经受深奥科学的详尽考察时（它们是这些科学的主要对象），它们却提供出一些似乎充满谬误和矛盾的原则。为了驯服和抑制人类反叛的理性，人们发明了一些牧师式的教条，然而，比这些教条更能震撼常识的是广延的无限可分说及其推论，因为后者是被一切几何学家和形而上学家所欢欣鼓舞地大肆炫耀的。一个实在的量，无限小于任何有限的量都，却又包含着无限小于自身的量，如此以至无限。这个体系是非常大胆、非常奇异的，它沉重得使任何所谓的证明都无法支持它，因为它冲击了人类理性最清楚、最自然的原则。[①]而使这件事更加不同寻常的是，这些看上去荒谬的意见得到了最清晰、最自然的一系列推理的支持，我们不可能承认了前提而不承认推论。没有什么结论能比有关圆形或三角形的性质的结论更可信、更令人满意的了。可是，你一旦接受了这些结论，我们怎么能否认如下推论呢？这个推论就是：圆和切线之间的夹角无限小于任何直线角，当你无限加大圆的直径，这个夹角就变小，以至变得无限小。而且，别的曲线与其切线之间的夹

① 对于数学点不论会有何种争论，我们都应当承认，物理点是存在的。物理点是指广延的最小组成部分，它们不能被肉眼和想象所分割或缩小。因此，呈现于想象或感官的那些影像是绝对不可分割的，所以，数学家们应当承认，这些影像无限小于广延的任何实际的组成部分。而对理性来说似乎最无疑的是：一个无限的广延是由无限数目的广延的部分构成的。那么，一个无限的广延又该加上多少无限数目的广延的无限小的部分来构成呢？而且人们假定，广延的无限小的部分仍然是可以无限分割的。——原注

角，也可以无限小于任何圆与其切线之间的夹角，如此乃至无限。对这些原则的证明似乎是无懈可击的，就如对三角形的三个内角等于两个直角的证明是无懈可击的一样，尽管后者的见解是自然的、容易的，前者的见解充满了矛盾和谬误。在这里，理性似乎被抛入一种诧异和不决之中，这使得不用任何怀疑论者来暗示，理性就失去了对它自己、对它所驰骋的领域的自信。它看见一片强光照亮了某些地方，但是，那强光是与最幽深的黑暗相邻的。在光亮和黑暗之间，它眩惑了、混乱了，以至于无法对任何一个对象作确实可靠的断言。

抽象科学中那些大胆的断定是荒谬的，如果可能的话，这种荒谬在时间方面似乎比空间方面变得更明显。假如说时间的实际组成部分的数目是无限的，它们连续流过，一个接一个地消逝，这种说法似乎是一个十分明显的矛盾，以至于人们会认为，如果人的判断没有被抽象科学所损害，而是被改进了，那么，就没有人能容许这种说法。

这些表面的荒谬和矛盾将理性逼迫到一种怀疑主义，然而，即使对这种怀疑主义，理性也肯定不会安于停顿和平静。某个清楚明晰的观念如何能包含与其自身、与其他任何清楚明晰的观念相矛盾的情节，这件事是绝对不能理解的，也许与我们所能形成的任何荒谬命题一样荒谬。这种怀疑主义是从几何学或数量科学的某些荒谬结论中产生的，没有什么比它本身更具有怀疑论的意味、更充满怀疑和犹豫。[①]

---

① 在我看来，要避免这些荒谬和矛盾不是不可能的，只要我们承认，严格地说，没有抽象的观念或普遍的观念这种东西，而一切普遍的

在精神的证据方面，或在事实推理方面，怀疑论的反驳不是通俗的，就是哲学的。通俗的反驳来自于以下方面：人类理智有天生的弱点；不同时代不同国家的人所持有的见解是矛盾的；我们在疾病时和在健康时，在年轻时和在年老时，在兴盛时和在苦难时，判断是不同的；各个人的意见和情感总是不断矛盾的；以及其他这类论点。在这方面我们不需再多说了。不过，这些反驳是无力的。因为在日常生活中，我们每时每刻都在作事实和存在方面的推理，如果我们不继续使用这种论证，我们就不可能生存下去，所以，由此而来的任何通俗的反驳，一定不足以摧毁精神的证据。日常生活中的活动、职业和消遣，是皮浪主义[①]或过分的怀疑主义原则的伟大颠覆者。那些原则可以在大学中得到繁荣和成功，在那里，要驳倒它们即使不是不可能，也确实是很困难的。但是，只要它们一离开其隐蔽处，并由于

观念实际上只是依附在一个普遍词上面的特殊的观念，在必要时，这个普遍词可以唤起在某些方面与呈现给心灵的那个观念相似的别的特殊观念。于是，当有人说出“马”这个词，我们马上就会想到一个有特定的大小或形象、有黑的或白的颜色的动物的观念。但因为这个词通常也用于别的颜色、形象和大小的马上，所以，尽管这些观念没有实际被想象到，也很容易被唤起，而我们就好像实际想象到这些观念那样，进行推理和作出结论。如果我们承认这一点（这似乎是合理的），那么，就会得出，数学家进行推理所依据的全部数量观念，无非是一些特殊观念，是被感官和想象提示出来，因而不能无限分割的那一类观念。现在我们作此暗示就够了，不需要任何进一步的阐述。一切科学爱好者都不要因为自己的结论而受到无知之人的嘲笑和蔑视，这才是与他们确实有关的事。而且，这似乎是解决这些困难的最便利的办法。——原注

① 皮浪（Pyrrhon，前 360—前 270），古希腊怀疑主义哲学家。

激发我们情感和知觉的实在对象的出现，使它们与我们本性中比较有力的原则对立起来，那么，它们就会烟消云散，使最坚定的怀疑论者与其他凡夫俗子处于同样的状况下。

因此，怀疑论者最好是留在自己合适的范围内，并施展通过比较深奥的研究而来的那些哲学的反驳。在这里，他似乎有充分取胜的理由。他可以正当地坚持说，对于超出感觉经验证据或记忆证据之外的任何事实，我们的全部证据都是从因果关系来的；对于这种关系，我们没有别的观念，只有对经常会合在一起的两个对象的观念；我们没有任何论证能使我们相信，在我们的经验中经常会合的对象，在别的事例中也将以同样的方式会合在一起；除了习惯或我们本性中的某种本能，任何事情都不能使我们得出这个推断；这种本能固然是难以抗拒的，但是，它同别的本能一样，也可以是靠不住的、骗人的。当怀疑论者坚持这些论点时，他表现出他的力量，或更确切地说，表现出他自己和我们的弱点来，至少在此时，他似乎摧毁了一切自信和确信。假如这些论证能有望给社会带来任何持久的好处和利益，我们本来应该对这些论证作比较详尽的说明。

因为这里对过分的怀疑主义有一个主要的、最令其尴尬的反驳，即它在具有充分的力量和活力时，并不能带来任何长久的利益。我们只需问这样一位怀疑论者：他的意思是什么？他通过这一切奇怪的研究打算要做什么？他立刻会陷入茫然，不知如何回答。一个主张哥白尼学说或托勒密学说的人，各支持自己的不同的天文学体系，他可以期望给他的听众带来一种持久不变的确信。一位斯多亚派或伊壁鸠鲁派的人夸耀自己的原则，这些原则不但持久，而且对人的行动和行为也有一种影响。

可是，一个皮浪主义者却不能指望他的哲学会对心灵有任何永恒的影响。如果它真能有那样的影响，他也不能指望它的影响会有利于社会。正相反，如果他还愿意承认什么事情的话，那么，他就必须承认，他的原则若普遍稳定地流行起来，人类生活一定会全部灭亡。一切谈论、一切活动都会马上停止，人们会处于完全木然的状态，直到自然的必需品得不到满足，使他们的悲惨生活归于结束。诚然，我们不用害怕如此不幸的事情。自然永远比原则强大得多。虽然一个皮浪主义者可以用他的深奥推理把他自己或他人抛入暂时的诧异和混乱之中，可是，生活中最琐细的事情就可以将他的全部疑虑和踌躇驱散，使他在行动和思辨的一切方面，与其他各派哲学家，与未曾从事任何哲学研究的人，处于同样的地位。当他从梦中醒来，他将第一个与人一起嘲笑自己，并且承认，他的全部反驳不过是一种娱乐，它们不可能有任何别的倾向，只是要表明人类的那种奇怪状况：虽然他们必定要行动、推理和具有信念，可是他们却不能用最勤奋的研究来满意地了解这些活动的根据，或消除可能用来反对这些活动的各种反驳。

第三节

实际上，有一种比较温和的怀疑主义或学园派的哲学，可能是既经久又有用的，它多少是皮浪主义或过分的怀疑主义的结果，是它的不加区分的怀疑被常识和反省作了某种纠正而出现的结果。大多数人天生易于肯定和固执自己的意见。既然他们只是片面地看待对象，不知道任何相反的论证，他们就仓促地接受了他们所倾向的原则，而对持相反意见的人毫不迁就。犹豫和权衡使他们的理智为难，使他们的感情受到抑制，使他们的行动停顿下来。因此，他们急于要摆脱使他们很不舒服的状态，他们认为，凭着对信念的坚定和固执，远不足以摆脱那个状态。但是，如果这些固执的推理者能够意识到，人类理智即使在最完善的状态下，在它的决断最精确、最谨慎的时候，仍然有不可思议的弱点，那么，这一反思就会自然而然地使他们比较谦虚和含蓄一些，使他们减少对自己的意见的喜爱，削弱对反对者的不利偏见。无知的人可以思考一下博学者的心态。那些博学者在获得研究和反省的一切利益的同时，一般来说，他们对自己的决断仍然缺乏自信；如果一些博学者由于天性而具有骄傲和固执的倾向，那么，稍有一点皮浪主义意味，就可以减少他们的傲慢。因为皮浪主义向他们表明，如果与人类本性中固有的普遍困惑和混乱相比较，他们对其对手所能占有的那一点优势，只是微不足道的。一般来说，在作各种考察和决定时，一位正确的推理者应当永远带有某种程度的怀疑、谨慎和谦虚。

还有一种温和的怀疑主义，也可能是对人类有益的，而且也可能是皮浪主义的怀疑和犹豫的自然而然的结果。它要求将我们的研究限制在最适合人类理智的狭隘能力的那些题目上。人的想象是天然崇高的，它喜欢一切遥远而不寻常的东西，它毫无约束地飞到时空中最遥远的地方，以避开因习惯而使它过于熟悉的对象。一个正确的判断则遵循相反的方法，它避免一切高远的研究，将自己限制于日常生活，限制于日常实践和经验之内的那类题目，将比较崇高的论题留给诗人或演说家来润色，或留给教士或政治家来施展计谋。要使我们得出这样一个有益的结论，最有效的办法就是一度彻底相信皮浪主义的怀疑的力量，并且相信，除了自然本能的强大力量之外，任何东西都不能使我们免除这种怀疑。那些有哲学嗜好的人，仍将继续他们的研究，因为他们想到，除了这项工作带来的直接快乐以外，哲学的判定不是别的，只不过是对日常生活的条理化的、纠正了的反省。而且，只要他们想到，他们所运用的那些官能是不完善的，它们的范围是狭窄的，它们的作用是不精确的，他们就不会受到诱惑而跑到日常生活之外去。既然我们无法给出满意的理由来说明，为什么在成千次的经验之后我们就相信石头会下落，火会燃烧，那么，我们对于世界的起源，对于无始无终的自然状况所能形成的那些结论，又怎么会满意呢？

对于我们的研究所作的这种狭隘的限制，确实在各方面都是很合理的，为了使我们接受这种限制，我们只要稍微考察一下人类心灵天生的能力，将这些能力与它们的对象相比较，就足够了。然后，我们将发现什么是科学和研究的适当题目。

在我看来，抽象科学或演证的唯一对象是量和数，而且，要把这种比较完善的知识扩大到这些范围之外的一切尝试，都不过是诡辩和幻想。由于量和数的各组成部分是完全相似的，所以它们的关系就变得错综复杂。用各种各样的方法，透过这些量和数的不同现象，探索出它们的相等或不相等，是一件最有用、最奇妙的事情。而由于其他一切观念互相都是明显不同和有差别的，所以，我们即使作了最详尽的考察，也只能观察到这种多样性，并借明白的反省来断言这个观念不是那个观念，而不能再前进一步。如果在作这些判断时有任何困难，那也完全来自于词义的不确定，对这些不确定的词义要用比较恰当的定义来纠正。对于弦的平方等于另两边的平方之和这个定理，假定它的各个词项已经被十分精确地定义了，但如果不借一系列推理和探究，我们也不会知道它。可是，要使我们确信只要没有财产，就不会有正义这个命题，只需对各个词项作出定义，并说明非义是对财产权的侵犯就行了。这个命题实际上无非是一个比较不完善的定义。除了关于量和数的科学以外，我们在其他各学科中看到的所有那些所谓的三段论推理，都是这种情况。我想，可以有把握地说，量和数是知识和演证的唯一恰当的对象。

其他一切研究都只关系到实际的事情和存在，这些显然是不能演证的。凡存在的东西也可以不存在。一个事实的否定不会包含矛盾。任何存在物的非存在，毫无例外地与其存在一样，都是一个清晰明确的观念。断言它不存在的命题，不论如何虚假，与断言它存在的命题一样，都是可以构想、可以理解的。而对于严格而言的科学，情况就与此不同。在那里，每个非真的命题都是混乱的、不可理解的。六十四的立方根等于十的一半，就是一个虚假的命题，不能被清楚地构想。然而，对于恺撒，或加百利天使，或任何存在物都不曾存在这个命题，虽然它可能是虚假的，但对它完全可以构想，并不蕴涵任何矛盾。

因此，任何存在物的存在只能用由其原因或由其结果而来的论证来证明，这些论证完全是建立在经验上的。如果我们作先验的推理，那么，任何事情似乎都可以产生别的任何事情。一块卵石的坠落也许可以熄灭太阳；一个人凭愿望就可以控制轨道上运行的行星。只有经验告诉我们原因和结果的性质和界限，使我们能从一个对象的存在推断出另一个对象的存在。[①]这就是或然推理的根据，它构成了人类知识的较大部分，而且是一切人类活动和行为的源泉。

或然推理不是关于特殊的事实的，就是关于普遍的事实的。生活中的一切思考都是关于前者的；历史学、年代学、地理学、天文学中的一切研究也都是关于前者的。

研究普遍事实的科学是政治学、自然哲学、医学、化学等，在这些科学中，我们研究整类对象的性质、原因和结果。

神学证明神的存在和灵魂的不朽，所以，它一部分是由关于特殊事实的推理构成的，一部分是由关于普遍事实的推理构成的。就它得到经验的支持而言，它有理性方面的根据。不过，它最合适、最牢固的基础是信仰和神圣的启示。

严格地讲，道德学和批评学与其说是理智的对象，不如说是趣味和情感的对象。美，不论是道德美还是自然美，更严格地说，是被感受到的，而不是被察觉到的。如果我们对它进行推理，致力于确定它的标准，那么，我们所考虑的就是一个新的事实，即人类的普遍趣味，或那种可以作为推理和研究的对象的事实。

如果我们相信了这些原则，那么，当我们在各个图书馆浏

① 古代哲学有一个渎神的公理：无中不能生有。这个公理把对物质的创造排除了，而根据这里的这个哲学，它就不是一个公理。不但上帝的意志可以创造物质，而且先验地说，也许任何别的存在物的意志，或最稀奇古怪的想象所能想到的任何别的原因，也都可以把物质创造出来。——原注

览时，我们会造成什么样的破坏呢？如果我们手里拿起任何一本书，例如神学或经院形而上学的书，我们就可以问：它包含着关于数和量方面的任何抽象推理吗？没有。它包含着关于事实和存在的任何经验推理吗？没有，那么，我们就把它投到火里去，因为它所能包含的没有别的，只有诡辩和幻想。

崇文学术文库·西方哲学

1. 靳希平　吴增定　十九世纪德国非主流哲学——现象学史前史札记
2. 倪梁康　现象学的始基：胡塞尔《逻辑研究》释要（内外编）
3. 陈荣华　海德格尔《存有与时间》阐释
4. 张尧均　隐喻的身体：梅洛－庞蒂身体现象学研究（修订版）
5. 龚卓军　身体部署：梅洛－庞蒂与现象学之后
6. 游淙祺　胡塞尔的现象学心理学 [待出]
7. 刘国英　法国现象学的踪迹：从萨特到德里达 [待出]
8. 方红庆　先验论证研究[待出]

崇文学术文库·中国哲学

1. 马积高　荀学源流
2. 康中乾　魏晋玄学史
3. 蔡仲德　《礼记·乐记》《声无哀乐论》注译与研究
4. 冯耀明　“超越内在”的迷思：从分析哲学观点看当代新儒学
5. 白　奚　稷下学研究：中国古代的思想自由与百家争鸣
6. 马积高　宋明理学与文学
7. 陈志强　晚明王学原恶论 [待出]
8. 郑家栋　现代新儒学概论（修订版）[待出]

崇文学术·逻辑

1.1 章士钊　逻辑指要
1.2 金岳霖　逻辑 [待出]
1.3 傅汎际 译义，李之藻 达辞：名理探 [待出]
1.4〔英〕耶方斯 著，王国维 译：辨学
1.5 亚里士多德 著：工具论（五篇 英文）
2.1 刘培育　中国名辩学 [待出]
2.2 胡　适　先秦名学史（英文）[待出]
2.3 梁启超　墨经校释
2.4 陈　柱　公孙龙子集解
3.1 窥　基　因明入正理论疏（金陵本）[待出]

崇文学术译丛·西方哲学

1.〔英〕W. T. 斯退士 著，鲍训吾 译：黑格尔哲学
2.〔法〕笛卡尔 著，关文运 译：哲学原理 方法论
3.〔德〕康德 著，关文运 译：实践理性批判
4.〔英〕休谟 著，周晓亮 译：人类理智研究
5.〔英〕休谟 著，周晓亮 译：道德原理研究
6.〔美〕迈克尔·哥文 著，周建漳 译：于思之际，何所发生 [待出]
7.〔美〕迈克尔·哥文 著，周建漳 译：真理与存在 [待出]

崇文学术译丛·语言与文字

1.〔法〕梅耶 著，岑麒祥 译：历史语言学中的比较方法
2.〔美〕萨克斯 著，康慨 译：伟大的字母 [待出]
3.〔法〕托里 著，曹莉 译：字母的科学与艺术 [待出]

中国古代哲学典籍丛刊

1.〔明〕王肯堂 证义，倪梁康、许伟 校证：成唯识论证义
2.〔唐〕杨倞 注，〔日〕久保爱 增注，张觉 校证：荀子增注 [待出]
3.〔清〕郭庆藩 撰，黄钊 著：清本《庄子》校训析
4. 张纯一 著：墨子集解

唯识学丛书（26种）

禅解儒道丛书（8种）

徐梵澄著译选集（4种）

西方哲学经典影印（24种）

西方科学经典影印（7种）

古典语言丛书（影印版，5种）

出品：崇文书局人文学术编辑部
联系：027-87679738，mwh902@163.com

我思®
敢于运用你的理智